질문하는 아이로 키우는

엄마표 독서수업

질문하는 아이로 키우는
엄마표 독서수업

1판 1쇄 발행 2020. 2. 28.
1판 2쇄 발행 2021. 1. 26.

지은이 남미영

발행인 고세규
편집 봉정하 디자인 지은혜 마케팅 김새로미 홍보 박은경
발행처 김영사

등록 1979년 5월 17일 (제406-2003-036호)
주소 경기도 파주시 문발로 197(문발동) 우편번호 10881
전화 마케팅부 031)955-3100, 편집부 031)955-3200 | 팩스 031)955-3111

값은 뒤표지에 있습니다.
ISBN 978-89-349-8566-2 03370

홈페이지 www.gimmyoung.com 블로그 blog.naver.com/gybook
인스타그램 instagram.com/gimmyoung 이메일 bestbook@gimmyoung.com

좋은 독자가 좋은 책을 만듭니다.
김영사는 독자 여러분의 의견에 항상 귀 기울이고 있습니다.

이 도서의 국립중앙도서관 출판예정도서목록(CIP)은 서지정보유통지원시스템 홈페이지
(http://seoji.nl.go.kr)와 국가자료공동목록시스템(http://www.nl.go.kr/kolisnet)에서
이용하실 수 있습니다.(CIP제어번호 : CIP2020006721)

대한민국 엄마들의 독서멘토 남미영 박사의 생각을 키우는 독서코칭

질문하는 아이로 키우는
엄마표 독서수업

남미영

김영사

프롤로그

엄마가 질문하면
아이는 생각에 날개를 단다

아이들은 부모와 다른 세상에 태어났다

'내가 경험하지 못한 세상을 살게 될 아이에게 나는 어떤 부모가 되어야 할까?'

3차 산업혁명시대의 끝자락에 태어나 4차 산업혁명시대의 초입을 살고 있는 오늘의 부모들은 두렵다. 인공지능AI의 출현으로 생활이 편해지고 있지만, 그만큼 우리가 설 자리는 좁아지고 있기 때문이다. 15년 후면 지금 존재하는 직업의 60퍼센트가 사라지고 미지의 직업이 출현한다고 한다, 빈부격차는 더 벌어져 상위 10퍼센트가 나머지 90퍼센트를 먹여 살리는 세상이 될 것이라고 한다.

이런 변화에 맞춰 세계 각국은 자국민의 행복한 미래를 위하여 교육정책의 방향을 틀고 있다. 새로운 교육정책이 정조준하고 있는 방향은 변화무쌍한 미래를 헤쳐나가는 데 필요한 '창의성'과 '문제해결력'이고, 그것을 이끌어내는 '질문교육'이다.

질문은 기계가 갖지 못한 인간의 고유능력이다. 기계는 '기억'과 '계산'은 인간보다 잘하지만 질문을 생성하지는 못한다. 아무리 성능 좋은 첨단로봇이라도 창의적인 어린아이처럼 독창적이고, 파격적이고, 예측 불가능한 질문을 떠올리지는 못한다. 기계는 인간이 입력한 답만 내놓을 뿐이다. 그래서 미래의 인재상이 변했다. 미래를 이끌어갈 인재란 질문을 생성하는 두뇌를 가지고, 그 질문의 답을 스스로 찾아낼 수 있는 사람이다.

지식도 식품처럼 유통기한이 있다. 과거의 지식이 오류로 판명되고, 14개월마다 지식의 양이 두 배로 증가하고 있기 때문에 지금 우리가 알고 있는 지식은 별것이 아니다. 더구나 정해진 답을 기억하는 공부라면 인공지능이 오래전에 인간을 추월했다. 세계경제포럼WEF은 2030년까지 신기술을 탑재한 인공지능 로봇이 단순노동이나 단순사무직의 90퍼센트를 대신할 것이라고 한다.

이제 단순지식을 암기하는 공부는 의미가 없다. 그런 단순지식을 가르치는 교육은 불도저 앞에서 삽질하는 방법을 가르치는 것과 같다. 오늘도 학원에 가서 교과서 내용을 기계처럼 암기하는 10대들, 그들이 노동시장에 들어갈 15년 뒤에는 기계가 사람보다 공부를 더 잘하게 될 것이다.

그래서 우리 정부도 학교교육에서 학생들이 배워야 할 교과서의 지식을 대폭 줄이고 질문중심 수업으로 전환했다. 새로운 형태의 수업은 질문의 주체를 교사에서 학생으로 이양하고, 교과서의 학습활동은 학생들이 다양한 질문을 생성할 수 있는 문항으로 채웠다. '무엇을 질문할까', '어떻게 질문할까'에서 시작하여 질문 만들기, 짝에게 질문하고 대답 들어보기, 서로의 질문 비교해보기, 질문이 서로 다른 이유 생각해보기, 어떤 질문이 우리 삶에 도움이 되는지 생각해보기 등, 질문을 유도하는 교과서가 각 과목의 수업을 주도하고 있다.

이런 교과서가 목표로 하는 인재는 '지식창고형 두뇌'를 가진 사람이 아니라, 자신에게 닥친 문제를 해결하는 '창의융합형 두뇌'를 가진 사람이다. 지금 질문과 지식을 주식시장에 내놓는다면, 질문의 주가는 올라가고 지식의 주가는 하락할 것이다.

책을 읽지 않고는 질문의 세계로 들어갈 수 없다

> '짧은 기간에 몸짱이 되려면 헬스장으로 가라.
> 짧은 기간에 두뇌짱이 되려면 도서관으로 오라.'

핀란드의 작은 마을 도서관에서 본 표어이다. 책 읽기가 두뇌를 단련하는 대표적인 스포츠라고 외치고 있다. 옛날 사람들이 노동을 하면서 육체의 건강을 유지했다면, 현대인들은 조깅을 하거나 헬스를 하며 육체의 건강을 단련한다. 이에 비해 두뇌를 단련하는 스포츠인 독서는 조깅이나 헬스만큼 각광받지 못하고 있다.

21세기는 지식정보화사회인 동시에 창의융합의 시대이다. 즉 과거 어느 시대보다 두뇌활동이 필요해진 시대이다. 이런 시대를 성공적으로 살아가기 위해서는 육체를 단련하는 스포츠만큼 두뇌를 단련하는 스포츠가 필요하다. 책을 읽고 생각하고 질문하고 토론하면서 생각 근육을 단련해야만 이 시대의 주인공이 될 수 있다.

책을 읽지 않고는 질문의 세계로 들어갈 수 없다. 입시에 실패하고 나면 '공부 잘하는 아이들에게는 어떤 비밀이 있을까?'라는 질문을 갖게 된다. 사업에 실패한 후 가난에 허덕이게 되면 '왜 나는 실패했는가? 어떻게 하면 성공할 수 있을까?'라는 질문을 하게 되고, 연애에 실패하고 나면 '연애에 성공하는 비법은 무엇일까?'라는 질문을 던지게 된다. 그러나 실패 끝에 얻게 된 이런 질문들이 자신에게 도달했을 때 인생은 이미 만신창이가 된 후일 수도 있다.

그러나 독서는 낮고 가벼운 허들을 통해 질문의 답을 알려준다. 책에서 얻는 질문의 답은 다른 사람의 실패와 성공을 보고 얻는 간접경험에서 온다. 타인의 인생을 통해서 얻는 질문의 답은 나의 인생을 만신창이로 만들지도 않고, 경제적 손실을 안기지도 않는다. 간접경험을 통하여 맞게 되는 이런 인생의 예방주사는 실패를 통하여 얻는 직접경험보다 편안하지만 효과는 동일하다.

우리가 누군가를 똑똑하다고 말할 때, 그가 가진 지식의 양을 보고 판단하지는 않는다. 어떤 상황에 직면했을 때, 적절하게 비판하고 올바른 판단을 내릴 수 있는 '생각의 틀'을 가졌는지를 보고 판단한다. 즉, 지식이 아니라 지혜를 보고 판단한다.

예나 지금이나 성공한 사람들의 변함없는 특징 중 하나는 남들과 '다른 생각'을 한다는 것이다. 성공한 사람과 성공하지 못한 사람의 차이점도 그 '다른 생각'이다. 성공한 사람은 독립적인 생각을 소유하고 있으며, 그 내용이 미래지향적이다. 반면에 성공하지 못한 사람들은 독립적인 생각을 갖지 못하여 맹목적으로 남들을 따라하면서 과거지향적인 사고 속에 갇혀 살고 있다. 똑똑한 사람들, 성공한 사람들이 가진 '다른 생각', '유연한 생각'은 어디에서 오는 것일까?

독서는 단순한 글자 읽기가 아니다. 글을 읽고 글의 의미를 재구성하는 두뇌활동이다. 우리의 눈이 글자에 닿는 순간, 두뇌는 문자판독→단어인식→사전지식 활용→어휘해석→문장이해와 해석→문단이해와 해석→비교와 비판과정→상상과 추리과정→판단과정→창의적 사고과정→문제해결의 과정을 겪는다.

물론 독서능력의 높고 낮음에 따라 일련의 과정을 완주하는 경우도 있고 어느 부분에서 막혀 진행되지 못하는 경우도 있다. 또 개인의 흥미, 배경지식의 유무나 다소에 따라 빨리 통과하는 부분이 있고 늦게 통과하는 부분도 있다. 그러나 모든 책 읽기는 이와 같은 생각의 흐름을 타고 이뤄진다.

질문은 생각이라는 활동의 일부이다. 생각하지 않고 멍하니 정지한 두뇌에서는 질문이 일어나지 않는다. 책을 읽을 때 저자가 써놓은 것만 흡수하는 수동적인 독서를 하는 경우에도 질문이 생기지 않는다. 질문은 저자가 써놓은 내용을 읽고, 생각하며, 비판하고, 판단하는 적극적인 독서 과정에서만 일어난다.

질문에도 여러 타입이 있다. 기억력이나 이해력을 묻는 단순한 질문이 있는 반면에, 생각이나 판단, 문제해결 방법을 묻는 복합적인 질문도 있다. '심청이는 왜 맹인잔치를 열었는가?'는 기억력을 확인하는 질문이고, '스님의 말을 곧이들은 심청이는 어떤 성격이었을까?'는 판단력을 묻는 질문이다. 또 '심청이가 죽지 않고도 아버지 눈을 뜨게 하는 방법은 없었을까?'는 문제해결 방법을 묻는 질문이다. 이처럼 다양한 질문들을 떠올리고 그 해답을 찾아가는 동안 우리의 두뇌는 생각모드와 창조모드를 거치며 어떤 상황에서도 적응할 수 있는 유연한 두뇌가 된다.

질문교육은 가정에서 시작된다

21세기로 들어서면서 길러야 할 인재상이 달라짐에 따라 학교가 감당할 수 없는 영역이 생겨났다. 그중 첫 번째가 독서교육이다. 국어, 영어, 수학은 다인수 학급에서 주입식 교육이 가능하지만 독서교육은 주입식으로 할 수 있는 교육이 아니다. 독서교육은 지식 교육이 아니라 생각을 키워주는 교육이기 때문에, 소수의 면대면 교육이 필요하다.

그래서 교육 선진국들은 '독서교육은 가정에서'라는 캐치프레이즈와 함께 1992년 영국의 북 스타트 운동을 필두로 엄마 아빠와 함께 책을 읽고 토론하고 질문하는 독서교육을 실천하고 있다. 그러나 한국의 형편은 아직 비관적이다.

> '하루 평균 독서시간은 6분, TV 시청시간은 1시간 53분. 우리나라 국민 3명 중 1명은 1년 내내 책 한 권도 읽지 않는다.'

2020년 벽두에 정부가 발표한 한국인의 독서실태이다. 책을 읽지 않는 엄마 아빠가 어떻게 자녀의 독서교육을 담당할 수 있을까? 다행히도 '북클럽'이나 '독서 동아리' 모임을 통하여 책을 읽고 토론하며 자녀의 독서교육을 담당하는 부모들이 전국에서 30만 명 정도 활동하고 있다. 이들은 독서토론을 하며 자신들의 교양과 사고력을 발전시키고, 나아가 자녀의 독서교육에도 빛을 비추고 있다.

미래형 두뇌를 가진 자녀를 원한다면 질문형 엄마가 되자

살기 좋은 사회, 살기 좋은 국가는 엄마들의 힘을 필요로 한다.

핀란드와 노르웨이의 아름다운 사회를 이야기할 때 사회학자들이 빼놓지 않고 하는 말은 그 나라 엄마들의 자녀교육 방식이다. 반면에 엉망진창 사회가 되는 데도 엄마들이 한몫한다. 엄마들이 키워낸 아이들이 그 나라와 사회를 만들기 때문이다.

장장 50여 년 동안 '교육열'과 '사교육비 지출'에서 세계 1위의 자리를 내놓지 않고 있는 한국의 엄마들은 '헬리콥터 맘', '잔디 깎기 맘'이 되어 자식에게 닥치는 모든 문제를 척척 처리하는 것을 자랑으로 여기고 있다. 그리고 이 대열에 끼지 못하는 엄마들은 스스로 죄인이 되어 자책하고 있다. 그러나 이제 모두 그만! 4차 산업혁명시대에 필요한 미래형 두뇌를 가진 자녀를 원한다면 '헬리콥터 맘', '잔디 깎기 맘'에서 '질문형 엄마'로 방향을 틀어야 한다.

이 책은 '질문형 엄마'가 되고 싶은 분들께 바치는 교육서이다. 그중에서도 특히 자신이 먼저 질문 전문가가 되어 자녀를 질문천재로 만들고자 하는 엄마들을 위해 만들었다. 그래서 질문 전문가가 되는 데 필요한 최신이론과 함께 실천하기 편리한 다양하고 구체적인 지도방법을 함께 담았다. 수많은 질문 전문가 엄마와 질문천재 아이들의 탄생을 꿈꾸며, 이 책을 세상에 띄운다.

봄이 오는 소리가 들리는

수지 집필실에서 남미영

차례

2 질문을 즐기는 아이로 만드는 12가지 독서법

3 책의 종류에 따라 다른 질문법과 타이밍

5 엄마 아빠랑 놀면서 하루 15분 질문놀이

질문하는 아이로 키우는 엄마표 독서수업

1

열두 살 이전에 질문능력을 길러야 하는 이유

질문하는 사람은 5분만 바보가 되지만,
질문하지 않는 사람은 영원한 바보가 된다.
질문하는 사람이 되어라.
그러면 먼 훗날 답을 알고 살아가는 사람이 될 것이다.

01

질문은 잠자는 두뇌에 전화를 건다

한 젊은 엄마가 일곱 살쯤 되어 보이는 아들의 손을 잡고 서울역사 안으로 들어왔다. 바닥에서 자는 노숙자들을 보고 아이가 엄마에게 물었다.

"엄마, 저 아저씨들은 왜 저기서 자?"

그러자 엄마는 얼굴을 찡그린 채 아이의 손을 거칠게 끌면서 말했다.

"시끄러워! 너도 공부 열심히 안 하면 저렇게 돼!"

그 엄마의 말을 노숙자도 들었고 나도 들었다. 노숙자의 얼굴에는 씁쓸한 슬픔이 드리웠고, 목격자인 나의 머릿속에서는 '딱한 엄마'라는 단어가 휙 지나갔다.

이 엄마의 잘못은 무엇일까? 노숙자를 동정하지 않은 배려심 부족? 약자에게 언어폭력을 가한 언어예절 부족? 노숙자와 '공부 열심히'가 관련 있다고 주장한 진실의 오도? 이 모든 것들보다 더 큰 잘못이 있다. 어린 자식의 질문에 성실하게 대답해주지 않은 잘못이다. 그녀는 지금 금쪽같이 귀한 자식의 두뇌에 걸려온 질문이라는 전화를 바꿔주지 않고 자기 맘대로 끊어버린 것이다.

아이는 나중에 어른이 되어 그날의 장면이 떠오르면 어떤 생각을 할까? 혹시 '우리 엄마는 동정심이 없었어, 우리 엄마는 말씨가 거칠고 교양이 없었어, 우리 엄마는 뭘 물어보면 귀찮아했지. 그리고 엉뚱한 대답으로 내 입을 틀어막았어. 어떤 때는 거짓말로, 어떤 때는 협박으로. 그래서 나는 질문하지 않는 아이가 됐지'라고 생각하지는 않을까?

먼 훗날 그 엄마는 알게 될까? 그날 자식의 질문에 불성실하게 대답한 자신의 잘못을. 자식의 두뇌에 섬광 같은 빛을 내며 걸려온 질문이라는 전화를 자기 맘대로 끊어버린 치명적인 잘못을.

질문은 신경계를 자극하여 잠자는 뇌세포를 깨운다

우리 뇌는 무게로 치면 체중의 2퍼센트정도밖에 차지하지 않지만, 우리가 들이마시는 산소의 20퍼센트를 소비하는 기관이다. 그래서 뇌에 산소 공급이 15초만 중단되면 우리는 의식을 잃고 뇌세포는 손상을 입는다.

뇌 건강을 위해서는 이처럼 산소가 필요하지만, 건강한 뇌를 똑똑하게 만드는 데는 질문이 필요하다. 산소가 충분해서 건강한 뇌라도 질문이 없으면 멍하고 우둔한 뇌가 된다. 뇌세포는 산소를 먹고 생존하지만, 질문이 없으면 움직이지 않는다.

질문이라는 자극은 외부로부터 온다. 서울역에서 만난 아이처럼 노숙자를 보고 스스로 머릿속에 질문을 일으키기도 하고, 누군가의 질문을 듣고 생각에 들어가기도 한다. '왜?', '어째서'와 같은 질문이 일어나면 두뇌는 생각발전소를 가동한다. 질문은 두뇌에 걸려오는 전화이고, 생각탱크를 열어서 사고가 정지된 뇌를 작동시키는 버튼이기도 하다.

질문이 두뇌에 도착하면 두뇌는 뇌세포들을 가동해 답을 찾아내는 활동을 시작한다. '너 밥 먹었니?'와 같이 단순한 질문이 들어오면 두뇌 속 생각발전소는 잠깐 동안만 일하지만, '저 사람들은 왜 노숙자자 되었을까?'와 같은 복잡한 질문이 들어오면 생각발전소는 오랫동안 일한다.

질문은 뇌에 내리는 작동신호이다. 이때 질문하는 사람의 뇌가 조금 먼저 작동하고, 질문받는 사람의 뇌는 그 뒤를 이어 작동된다. '왜?', '그래서?', '그게 아니라면?', '만약에?'라는 질문이 계속되면서 문제의 실타래를 풀어나간다.

반면에 질문받을 기회가 없는 두뇌, 질문이 일어나지 않는 두뇌는 '휴식모드'로 들어가거나 '취침모드'로 들어간다. 오랫동안 잠을 자게 된 두뇌는 생각발전소에 녹이 슬어 책을 읽거나 무언가를 생각하려면 머리가 아파온다. 머리가 아프면 생각은 고통이 되고, 이런 상태가 계속되면 두뇌기능은 퇴화한다.

두뇌와 질문의 상관관계에 대해서 미국의 '바른질문연구소'의 공동대표인 댄 로스스타인Dan Rothstein 박사는 이렇게 말한다.

"질문은 사람들의 머릿속에서 일종의 잠금해제 효과를 일으킨다. 질문하거나 질문을 들음으로써 갑자기 무언가를 발견하고 이해하게 되는 경험. 질문은 그렇게 전구가 반짝 켜지는 경험을 우리에게 선사한다."

이렇듯 질문은 신경계를 자극하여 잠자는 뇌세포를 깨우는 역할을 한다.

질문은 호기심, 비판력, 추리력에서 시작된다

질문이 빈번하게 일어나는 두뇌는 어떤 두뇌일까? 질문 없는 사람의 두뇌와 무엇이 다를까? '바른질문연구소'의 보고서는 "질문은 '왜?'라는 호기심과 '정말 그럴까?'라는 비판력, 그리고 '그래서?', '만약에?'와 같은 추리적 탐구심에서 출발한다"라고 정의한다.

우리에게 이런 호기심과 비판력, 추리적 탐구심이 없다면 두뇌는 질문을 생성할 수도 없고, 질문의 답을 찾는 활동도 하지 못한다. 활동이 중지된 두뇌는 존재하는 현실에 안주하고 밀려오는 상황에 철저하게 순응한다. 그래서 권력에 맹종하거나 무조건 유행을 따르는 일명 '노예의 두뇌'가 된다. 이런 뇌를 '늙은 뇌'라 부른다. 더 이상 질문이 발생하지 않는 두뇌는 주민등록증의 나이와는 상관없이 늙어간다. 반면에 빈번하게 질문이 발생하는 두뇌는 그런 서류상의 나이와는 상관없이 젊고 싱싱한 상태를 유지할 수 있다.

02

질문은 창조성이 보낸 초대장

세계 역사상 세상을 발전시킨 사람들은 모두 '질문형 인간'이었다. "하늘은 왜 파란색인가요? 물이 끓으면 왜 주전자 꼭지가 들썩이나요?"

꼬마 에디슨의 질문 공세에 담임교사는 엄마를 호출해서 말했다.

"이 아이는 다른 아이들의 수업을 방해해서 함께 교육시킬 수 없으니 데려가십시오."

링컨은 비참한 흑인 노예들의 참상을 볼 때마다 스스로에게 이렇게 질문했다.

'백인이 흑인을 학대할 권리가 있는가?'

그가 찾은 답은 '아니다'였고, 그는 흑인 노예해방의 기수가 되었다.

'한 척의 배가 수십 척의 배를 무찌를 수는 없을까?' 이순신 장군의 두뇌에서 일어난 이 질문은 '학익진 전법'을 낳았고, '우리말이 중국 말과 다른데, 같은 문자를 사용하는 것은 옳지 않다. 우리말에 꼭 맞는 문자는 없을까?'라는 질문이 세종대왕의 두뇌에서 일어나 '한글'이라는 문자가 탄생했다.

'사람은 왜 새처럼 날아다닐 수 없을까?'란 라이트 형제의 질문이 비행기를 만들었고, '사과는 왜 밑으로만 떨어지는 것일까?'란 뉴턴의 질문이 만유인력을 발견했다. 그리고 '배를 타고 동쪽으로만 가면 어디가 나올까?'란 콜럼버스의 질문이 신대륙을 발견했다.

현대에도 혁신과 창의성으로 세계적인 명성을 얻은 위대한 천재들은 질문을 뛰어나게 잘한다는 공통점을 가지고 있다. 구글의 대표 에릭 슈미트Eric Schmidt는 구글을 가르켜 "질문으로 굴러가는 기업"이라고 자랑할 정도로 직원들끼리의 질문을 장려하고 있다. 구글의 무인자동차 기술을 개발한 세바스찬 스런Sebastian Thrun은 "고국인 독일에서는 질문하기가 불편했는데, 미국의 실리콘밸리에 와서는 질문을 수용해주는 환경이라 성과를 낼 수 있었다"라고 말했다.

애플의 스티브 잡스도 질문천재였다. 그는 생전에 "나는 남보다 많이 아는 사람도 아니고, 남보다 아이큐가 높은 사람도 아니다. 남보다 질문을 많이 하는 사람이다"라고 고백한 적이 있다.

궁금한 게 없으면 질문도 없다

질문은 결핍에서 나오고, 호기심으로 표현된다. 호기심은 궁금증을 발생시키고, 궁금증은 질문으로 나타난다. 1950년대에 미국에 베티 그레이엄Bette Graham이라는 여성이 있었다. 그녀는 낮에는 은행에서 타자수로 일하고, 밤에는 그림을 그리며 화가의 꿈을 키우고 있었다. 그런데 그녀는 은행에서 잘못 친 글자들 때문에 상관에게 자주 꾸지람을 듣는 능숙하지 못한 타자수였다. 어느 날 밤, 그림을 그리던 베티의 머리에 질문이 하나 떠올랐다.

'유화를 그릴 때처럼 타자를 칠 때도 덧칠을 할 수 있다면?'

그녀는 그날 밤 흰색물감으로 혼합액을 만들어 다음날 직장에 가서 잘못 친 글자 위에 사용해보았다. 하얀 혼합액은 잘못 친 글자를 덮어주었을 뿐 아니라, 딱딱하게 굳어서 그 위에 다시 글자를 칠 수도 있었다. 그녀는 동료 타자수들에게 용액을 나누어 주었다. 이 수정액이 호평을 얻자 전국의 타자수들에게 공급하면서 사업으로 키워 백만장자가 되었다. 이처럼 두뇌에서 일어난 질문은 수많은 발견과 발명을 낳게 했다.

오늘도 질문천재는 태어난다

초등학교 교실에 가면 기상천외한 질문을 쏟아내는 아이들을 만날 수 있다.

"왜 북극곰은 얼음 위에 서 있어도 발바닥이 얼지 않나요?"

"왜 남자와 여자가 태어나는 수는 언제나 비슷한가요?"

"강아지나 꽃들도 꿈을 꾸나요?"

"별은 왜 하늘에서 떨어지지 않을까요?"

이러한 질문천재들은 언제 어디서나 존재해왔지만, 그들이 모두 천재가 된 것은 아니다.

우리는 누구나 어린 시절에 창조성이 보낸 초대장을 받았다. 그리고 그 초대장에 어떻게 반응했느냐에 따라 운명이 달라졌다. 초대장을 쓰레기통에 처박지 않고 거기에 쓰인 질문의 암호를 푼 아이들만 천재가 되었다.

하버드대학교 아동심리학과의 폴 해리스Paul Harris 교수에 따르면 아이들은 2~5세까지 약 4만 개의 질문을 한다고 한다. 2세에는 물체의 이름과 같은 단순하고 사실에 입각한 질문을 하지만, 3세에 이르면 설명과 이유를 요구하는 추론적 질문을 한다. 이런 변화를 겪으면서 아이들의 뇌는 급속히 성장한다.

4세가 되면 아이들은 질문하기에 가장 이상적인 상태가 된다. 질문에 필요한 언어기술을 습득했고, 뇌의 확장과 연결이 활발해서 하루 평균 390가지의 질문을 할 수 있다. 그러나 이때부터 자신의 질문에 성실한 대답을 들었던 아이의 두뇌와 무시당했던 아이의 두뇌는 차이가 벌어지기 시작한다. 성실한 대답을 들었던 두뇌의 신경세포는 창조적 사고를 발생시키며 질문을 만들 수 있는 최적의 상태로 성장한다.

그런데 유치원에 들어가면 아이들의 질문은 현격하게 줄어든다. 전 세계 다양한 문화권에서 이루어진 연구결과들이 모두 똑같은 보고를 하고 있다. 특히 아이들에게 너무 많은 것을 가르치려는 유치원이나 문자교육을 하는 유치원에 다니는 아이일수록 질문은 더욱 줄어든다.

이유가 뭘까? 폴 해리스 교수는 말한다.

“대부분의 어른들은 아이들이 질문을 하면 자신의 무지를 들킬까봐 불안해한다. 다행히 아이가 물건 이름을 묻는 정도라면 아이의 왕성한 호기심을 칭찬하기도 한다. 그러나 ‘왜?’, ‘어떻게’, ‘그래서’라는 이유와 설명을 요구하는 질문을 받게 되면 화를 내며 ‘조용히 빵이나 먹어’라며 입을 틀어막는다. 즉 어른들의 불성실한 답변 때문에 5세 이후 어린이의 질문이 죽어가고 있다.”

옆의 그림은 ‘바른질문연구소’가 2015년 미국의 국가학업성적표Nation Report Card 자료를 바탕으로 만든 아이들의 질문 현황표이다.

읽기와 쓰기 기술은 학년이 올라갈수록 상승선을 타지만 질문 기술은 절벽에서 떨어지듯 급격히 줄어든다. 질문의 급격한 감소는 아는 게 많아져서가 아니다. 세상에 대한 흥미나 호기심이 떨어졌기 때문이다.

아이들이 성장하면서 발생하는 다양한 요인이 질문하기와 호기심에 영향을 미친다. 예를 들어 5세쯤에는 출생 후 몇 년 동안 급

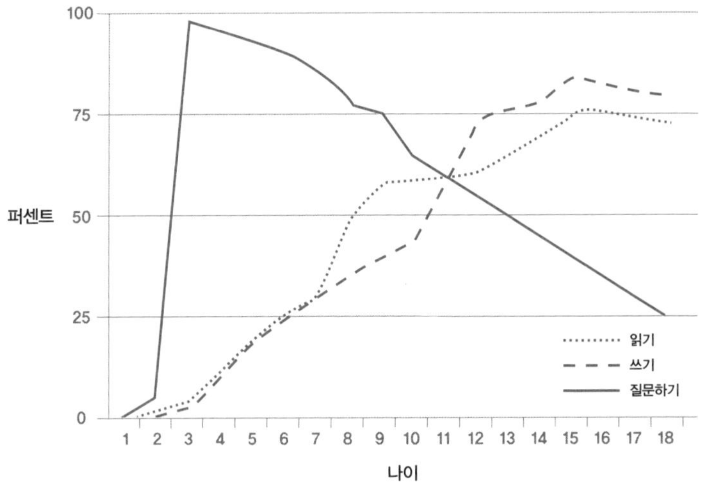

2015 미국 학생들의 연령별 질문 현황표

격하게 확장되던 두뇌신경망이 조금씩 줄어들기 시작한다. 우리가 쓰지 않는 물건을 버리듯, 두뇌는 그동안 사용하지 않았던 신경회로는 필요 없다고 판단하고 스스로 제거하는 자동시스템인 '시냅스 가지치기synaptic pruning'를 시작하기 때문이다. 이때부터 아이들은 자기가 선호하는 방면의 질문만 하게 된다. 그러면 엄마들은 '우리 아이는 ○○을 좋아해요'라며 아이의 소질을 발견했다고 기뻐한다. 그러나 그것은 소질이라기보다는 가지치기 당한 후에 남아 있는 한 줌의 소질인 경우가 많다.

질문쟁이 엄마가 창조적인 인재를 만든다

우리나라 옛말에 '대가족의 아이들이 머리가 좋다'는 말이 있다. 가족 수가 많으니 말을 한마디라도 더 들으며 자랐을 것이고, 그러다 보니 질문도 더 많이 들으며 자랐을 테니 일리 있는 말이다. '수다쟁이 엄마가 천재를 만든다'는 유대인 속담도 있다. 말을 많이 하는 엄마들이 과묵한 엄마들보다 아무래도 질문을 더 자주 했기 때문일 것이다.

책은 열심히 읽어주는데, 질문은 하지 않는 엄마들이 있다. '독서흥미를 위해서', '스트레스를 받을까봐' 등의 이유 때문이라고 한다.

그러나 스트레스도 질문 나름이다. 닫힌 질문이나 확인형 질문을 받으면 스트레스를 일으키는 물질이 발생하지만 열린 질문이나 창의형 질문을 받을 때는 스트레스를 일으키는 물질이 발생하지 않는다. 창의형 질문은 정답을 묻는 질문이 아니기에 스트레스와 무관하다. 오히려 내 맘대로 상상해서 말해도 되니까 두뇌가 즐거운 상태를 유지할 수 있어서 행복 전달물질인 도파민이 발생한다.

질문이 일어나면 두뇌에 에너지가 모인다. 그리고 이 에너지가 자신이 받은 질문을 해결하기 위한 노력을 하면서 창조 에너지를 발산한다. 천재들도 우리가 갖고 있는 도구인 질문을 통하여 창조성을 단련했다. 흥미롭고 도전적인 질문을 생성하고 그 답을 찾기 위해 노력한다면 누구나 천재가 될 수 있다. '천재는 태어나는 것이 아니라 훈련된다'는 에디슨의 말은 현대의 엄마들이 꼭 기억해야 할 귀중한 충고이다.

03

질문하면 답이 나온다

제자: 선생님, 앎이란 무엇입니까?

공자: 앎이란 자기가 무엇을 모르는지를 아는 것이다.

제자: 선생님은 어떻게 그리 많은 지식을 갖게 되었습니까?

공자: 나는 원래부터 많이 아는 사람이 아니었다. 질문을 많이 하는 사람이었다. 모른다는 건 부끄러운 일이 아니다. 질문을 하지 않는 것이 부끄러운 일이다.

공자와 제자들의 문답 내용이다. 공자는 2,500년 전에 이미 질문하면 답이 나온다는 것을 알고 있었다.

"질문하면 5분만 바보가 되지만 질문하지 않으면 영원한 바보가 된다."

2,400년 전 소크라테스가 손가락으로 하늘을 찌르며 제자들에게 외친 말이다. 질문하면 답이 나온다는 것을 가르쳐주기 위해 소크라테스는 산파술産婆術이라는 질문기법을 사용했다. 조산원이 산모를 도와 아기를 무사히 낳게 해주듯이, 질문을 사용하여 제자들이 진리에 쉽게 접근하도록 돕는 수업방법이었다.

정보화시대에는 정보를 많이 가진 사람이 실력자이고 강자이다. 따라서 적절한 정보를 제때에 구하는 것이 성공요인이다. 정보를 얻는 방법에는 두 가지가 있다. 책 읽기와 질문하기이다. 책 읽기는 저자의 지식을 배우는 과정이고, 질문하기는 '왜'라는 질문을 통하여 나만의 지식을 구성하는 과정이다. 책 읽기가 수동적인 정보획득의 과정이라면 질문하기는 적극적인 정보획득의 과정이다.

실생활에서도 마찬가지이다. 이상적이지 못하거나, 불만의 상태가 되면 우리는 '왜?'라는 질문을 떠올린다. 그러면 '만약에?'라는 개선방향과 '어떻게?'라는 문제해결방안을 통하여 답을 얻게 된다.

질문이 답을 이긴다

"컴퓨터는 쓸모없다. 답만 알려줄 뿐이다."

50여 년 전에 피카소가 한 말이다. 괴짜라고 불리는 이 천재화가는 모두가 컴퓨터에 열광하던 50년 전에 이미 '질문이 답을 이긴다'는 것을 알고 있었다.

"물고기 한 마리를 잡아주면 하루를 살 수 있지만, 물고기 잡는 방법을 가르치면 평생을 먹고살 수 있다."

수천 년 동안 내려오는 유대인들의 격언이다. 그래서 그들은 답을 주기보다 답을 얻는 질문교육에 공을 들였고, 그 결과 노벨상 수상자의 60퍼센트를 차지하는 민족이 되었다.

유대인의 이런 영광을 만들어낸 장본인은 엄마들이었다. 그녀들은 학교에 다녀온 아이에게 "오늘 몇 번 질문했니?"라고 물었다. 유대인 엄마들은 고학력자가 아니어도 '질문이 답을 이긴다' 사실을 알고 있었던 것이다. 답이란 그때그때 잡아주는 물고기와 같이 생명이 짧다는 것을 일찍부터 알고 있었다.

부모들이 자녀를 학교에 보내는 목적은 옆집 아이보다 더 많은 정답을 머릿속에 저장하게 하기 위해서가 아니다. 시험 잘 보는 기계를 만들기 위해서도 아니다. 삶의 고비마다 파도처럼 밀려올 문제들을 잘 해결하는 똑똑한 아이로 키우기 위해서다. 그러나 요즘 우리 사회에는 똑똑한 아이보다는 정답을 많이 아는 아이, 시험 잘 보는 아이를 만드는 데 주력하는 부모들이 많다.

학원은 한술 더 뜬다. 학교보다 한 달 아니 한 학기 심지어는 몇 학년을 앞서는 선행학습을 시키고, 시험에 나올 만한 문제와 답을 족집게처럼 뽑아주고 외우게 함으로써 학교성적을 올려주는 방식을 택하고 있다.

영국 케임브리지대학교 경제학과 장하준 교수는《그들이 말하지 않는 23가지》라는 책에서 이런 한국적 사교육 현상을 가리켜 '일어서서 영화보기'라고 명명했다. 영화관에서 앞자리 관객이 일어서서 영화를 보기 시작하면, 뒷자리의 관객은 줄줄이 일어서서 볼 수밖에 없다. 지금 한국사회는 경제 사정이나 학업 성취도에 관계없이 모두가 '일어서서 영화보기'인 사교육이라는 블랙홀 속에 빠져 있다. 옆집 아이가 하면 우리 아이도 기죽이지 않기 위해서 시켜야 한다. 그 결과 매년 23조 6,000억 원이라는 어마어마한 돈이 학부모의 주머니에서 빠져나가고, 부모들은 저축을 할 수 없어 나이가 들면 세계에서 가장 가난한 노인이 된다. 그것이 무서워 젊은이들은 아이를 낳지 않고 출생율 최하위국이 되었다.

그런데 경제적 손실보다 더 우려되는 것이 있다. 학원교육은 '진도 나가는 데 방해된다'는 이유로 철저하게 질문을 금지한다는 사실이다. 누군가가 질문을 하면 다른 학생들은 진도 나가는 데 방해된다고 '우우우' 야유를 보내고, 강사는 "수준이 맞지 않으니 다른 반으로 가라"고 권고한다.

그래서 학원에서 사교육을 많이 받은 아이들은 자연스럽게 체제 순응자나 예스맨이 된다. 체제 순응자나 예스맨의 두뇌에서는 질문이 발생하지 않는다. 이런 두뇌는 일찍부터 늙어버려 질문을 잉태하지 못하고 이미 남이 만든 정답만 찾아 헤맨다.

현대와 같이 급변하는 사회에서 정답을 많이 아는 사람은 하수이다. 정답을 찾아내고 만들어내는 사람이 고수이다.

지금은 모르는 것이 힘인 시대

1945년 해방 당시에 우리 사회를 지배하던 가치관은 '아는 것이 힘'이었다. 신지식이 모자라 일본에게 지배당했던 설움에서 얻은 교훈이었다. 이승만 초대 대통령은 '아는 것이 힘이다! 배워야 산다.'를 외치며 교육 계몽을 펼쳤다.

그런데 4차 산업혁명 시대인 요즘에는 '모르는 것이 힘'이라는 외침이 세계적으로 호응을 얻고 있다. 2017년 영국 차타드경영연구소CMI는 올해의 우수 저작상으로 스티븐 드수자와 다이애나 레너가 공동 집필한 《모르는 것이 힘이다Not Knowing》를 선정했다. 이 책에서 저자들은 '우리가 흔히 말하는 안다Knowing는 것은 절대적인 진실이 아니다. 사람들이 이미 알고 있다고 여기는 것을 재확인이나 비판 없이 맹목적으로 믿는 행위를 말한다. 우리는 잘 모르는 것을 만나면 아예 피하거나 잘 아는 전문가에게 해답을 얻으려 하는데, 이는 위험한 일이다. 그러면 이미 알려진 것만 알게 되고 새로운 것은 영영 모르게 된다'고 말한다.

그렇다. 이제 아는 것이 힘이었던 시대는 갔다. 모르는 것이 힘인 시대가 왔다.

세계 최고의 교육 강국이라고 칭송하는 핀란드에서 우리가 배울 점은 교육 내용이 아니다. 자신만의 문제해결법을 찾는 태도이다. 핀란드 학교는 정답을 가르쳐주지 않는다. 학생이 실패를 거듭하면서 정답을 찾거나 만들어낼 때까지 기다린다. '절대적인 답이 존재한다고 믿으면 인간은 무력해진다'는 철학 아래 아이들에게 오늘도 질문을 만들게 한다. 그것이 혁신적인 문제해결의 시작이기 때문이다.

우리의 삶은 문제해결의 연속이다. 문제해결은 '어떻게 하면 해결할 수 있을까?'란 질문으로부터 시작된다. 인터넷이 열어젖힌 세상에서 어제까지의 방식이 오늘의 방식이 되지는 못한다. 어제의 답과 방식은 어제의 답일 뿐이다. 무조건 열심히 한다고 성공하는 세상도 아니다.

답을 찾지 말고 질문을 찾아라. 이 세상에 단 하나의 정답은 없다. 완벽한 답도 없다. 있다고 생각하고 찾는 사람은 아마추어이다. 잘 모르기 때문에 '이러면 어떨까?', '저러면 어떨까?'라는 질문을 던질 수 있다. 그것이 바로 질문 프로가 되는 길이다. 외부로부터 주어지는 질문이 아니라 내부로부터 발생하는 질문이 질문 프로를 만든다.

04

질문은 '딥 러닝'으로 들어가는 문

지구, 2016년은 역사적인 해였다. 이세돌 9단과 알파고가 바둑 대결을 벌인 해이고, 인간이 기계에 졌던 해이기 때문이다. 알파고가 이세돌 9단을 4:1로 이기자 지구인들은 충격에 빠졌다. 만물의 영장이라고 자부하던 인간의 자존심이 휴지조각처럼 구겨지는 순간이었다.

알파고의 아버지 데미스 하사비스Demis Hassabis는 알파고가 이길 수 있었던 것은 '딥 러닝Deep Learning' 때문이라고 했다. 알파고는 딥 러닝을 통해 정보를 기억하고 저장하는 단계를 넘어, 정보를 종합하고 조직하여 새로운 의미를 발견하고 가중치를 부여하는 방식으로 자신의 한계를 뛰어넘었다는 것이다. 즉, 컴퓨터가 기억과

계산 영역을 넘어 종합과 재조직과 판단의 영역에 들어선 것이 딥 러닝 때문이라는 것이다.

이제 지식을 배우고, 외우고, 하나의 정답을 찾고, 흑백논리를 추종하던 시대는 갔다. 21세기의 예측 불가능한 미래와 AI를 상대해야 하는 이 시대에는 이미 배운 지식에 우리가 사용할 정답은 없다. 배운 지식을 응용하여 새로운 지식을 창출하고, 부닥치는 문제를 해결하기 위해 다양한 정답을 마련할 수 있는 인간이 필요하다.

딥 러닝의 원조는 알파고가 아니다

그런데 딥 러닝은 21세기에 처음 출현한 학습방법이 아니다. 옛날부터 천재들 사이에서 활용되던 학습방법이었다. 질문으로 답을 이끌어내는 소크라테스의 산파술이 딥 러닝의 모태라면, 플라톤이나 공자가 그의 제자들과 함께 질문과 답변을 통해 나누던 학습형태도 딥 러닝이고, 괴테와 그의 엄마가 도란도란 책을 읽고 이야기하던 독서방법도 딥 러닝이었다.

괴테의 엄마는 하루에 세 번씩 어린 아들에게 책을 읽어주었다. 오전에 한 번, 오후에 한 번, 잠들기 전에 한 번. 그런데 그녀가 책 읽어주는 방식은 독특했다. 수동적인 읽어주기가 아니라, 능독적인 독서놀이였다. 동화를 읽어주다가 클라이맥스에서 딱 멈추고는 다음 이야기를 기다리는 어린 아들에게 이렇게 말했다.

"아가야, 뒷이야기는 네가 상상해보렴."

그래서 어린 괴테의 머리는 다음 줄거리를 상상하느라 항상 바빴다. 그러다 보니 똑같은 전래동화지만 다른 아이들이 들은 이야기와 괴테가 들은 이야기는 달랐다. 이런 엄마의 질문교육 덕분에 어린 괴테의 두뇌는 항상 움직였고, 그 질문을 해결하기 위해 다시 엄마에게 질문하는 아이가 되었다.

"엄마, 공주가 궁전으로 돌아가려면 세 가지 방법이 있어요. 하나는 괴물이 잠들었을 때 성을 도망치는 것이고, 다른 하나는 괴물을 죽이는 것이고, 또 다른 방법은 소리를 질러 사람들이 달려오게 하는 거예요. 엄마, 어떤 방법이 가장 좋을까요?"

"글쎄, 그중에서 공주가 할 수 있는 방법이 뭘까?"

이런 식으로 엄마와 괴테는 문제해결을 위해 머리를 맞대고 생각을 나누었다고 한다.

후세의 괴테를 연구한 이들은 입을 모아 말한다. 엄마의 질문교육이 어린 괴테의 두뇌를 개발해주었고, 그 결과 20대 초반에 이미 전도유망한 변호사이자 세계적인 작가로 우뚝 선 청년 괴테가 탄생할 수 있었다고. 아이큐 185 정도로 추정되는 괴테의 놀라운 두뇌의 비결은 엄마의 질문으로 시작된 딥 러닝 속에 답이 있었다.

질문이 딥 러닝의 문을 연다

21세기가 오기 전까지는 학교에서 배운 것을 밑천으로 평생을 먹고살 수 있었다. 그래서 고학력자가 절대적으로 유리했다. 하지만 앞으로 다가올 미래는 배운 지식만으로 먹고살 수 있는 세상이 아니다. 지식의 유통기한이 짧아졌기 때문이다. 예전의 30년이 지금은 3년이 되었고, 어떤 지식은 3개월이면 구식이 되고 만다. 변화하는 시대를 살아가기 위해서는 계속 새로운 지식을 습득해야 한다. 두뇌가 경직된 사람, 유연하지 못한 두뇌를 가진 사람, 질문을 통하여 새로운 지식을 만들지 못하는 두뇌를 가진 사람은 버티기 힘든 세상이 되었다.

딥 러닝을 하려면 높은 독서능력이 필요하다. 인간의 뇌 발달에는 결정적 시기critical periods가 있는데 그 시기가 대체로 생후 8개월부터 6세 이전이다. 이 시기에는 뇌가 새로운 자극을 받아 학습하거나 기억할 때 세포들이 서로 연결돼 뇌신경회로를 형성하는 활동이 일생 중 가장 활발하다.

이후로도 속도는 조금 더디지만 초등학교 5, 6학년인 12세까지는 뇌신경회로의 숫자가 늘어난다. 책을 읽고 행간의 의미까지 파악하는 고차원적 이해력, 사고력이 뛰어난 아이로 키우려면 적어도 만 12세까지는 독서능력을 길러주어야 한다. 이 시기에 받아들이는 자극으로 평생 사용할 뇌신경망이 형성되기 때문이다.

인간은 유아시절에 알게 된 언어개념, 각종 경험 등의 원재료를 동원해 딥 러닝을 할 수 있는 두뇌구조를 만들어간다. 누구나 딥 러닝을 할 수 있는 것은 아니다. 12세까지 뇌가 충분히 발달한 사람만 가능하다. 책을 조금만 읽어도 머리가 딱딱 아파오는 성능 나쁜 두뇌로는 딥 러닝이 불가능하다.

"모든 배움은 질문하는 것에서 시작된다."

1965년 노벨 물리학상 수상자인 리처드 파인만Richard Feynman이 수상소감에서 밝힌 학습이론이다. 두뇌가 학습하려면 질문이 일어나야 하고, 그 질문이 새로운 지식을 창출할 수 있다는 주장이다.

미래에는 두뇌를 지식창고로 사용하는 사람은 인재 축에도 들지 못한다. 자기 상상이나 아이디어를 스스로 코딩할 수 있는 딥 러닝의 고수만이 인재로 대접받게 될 것이다.

05

질문은 자존감을 높인다

학교에 가면 학생들은 교사의 질문에 답해야 한다. 교사가 질문을 하면 아는 학생은 떳떳하게 손을 들지만, 모르는 학생은 몸을 움츠리고 교사의 눈길을 피한다. 이렇게 질문은 일상생활 속에서 우리의 정체성과 자존감에 관여하고, 다른 사람들이 우리를 보는 방식과 우리가 다른 사람을 보는 방식에 영향을 준다.

수많은 질문연구보고서가 "자존감이 높은 아이들은 질문을 자주하고, 자존감이 낮은 아이들은 질문을 하지 않는다"라고 발표하고 있다. 한국교육개발원KEDI의 연구보고서에 따르면 "두뇌에서 질문이 일어났을 때 어떻게 하느냐?"는 물음에 대해 자존감이 낮은 아이일수록 "질문을 하지 않는다"는 응답을 보였다. "자신이 모르는 것이 탄로 날까봐", "친구들에게 무시당할까봐", "선생님에게 실력 없음이 드러날까봐" 등을 이유로 들어서 "이미 알고 있거나 관심 없는 척 행동한다"라고 응답했다. 그래서 이 연구는 어떤 아이가 학교에서 질문을 잘하는지, 안 하는지는 부모의 학력이나 소득 등의 외부요인이 만들어내는 가정 분위기가 좌우한다고 주장하며 소득이 낮은 부모의 자녀는 자존감이 낮은 경향이 있다고 보고하고 있다.

질문은 겸손과 자존감의 흔하지 않은 조합이다. 질문은 자신이 모른다는 것을 받아들일 만큼 겸손하고, 모른다는 것을 다른 사람 앞에서 인정할 만큼 자존감 있고 용감한 행동이기 때문이다.

질문은 우리를 심리적 어른으로 만든다

예일대학교의 스탠리 밀그램Stanley Milgram 교수는 자신의 책 《권위에 대한 복종Obedience to Authority》에서 어른의 기준을 다음과 같이 제시했다.

"어른이란 나이를 먹고, 신체적으로 성숙하고, 경제적으로 독립할 수 있는지가 아니라 자신의 내부에서 들려오는 자기 질문을 듣고 답변할 수 있는 사람이다."

심리학자 안나 프로이트Anna Freud는 "나는 자존감을 형성하는 요인을 찾기 위해 바깥으로 눈을 돌렸다. 하지만 자존감은 내면에서 나오는 것이었다. 바로 우리 뇌 전전두엽 피질에 자존감을 관장하는 부위가 있다"고 주장한다.

질문은 감정이 우세한 우뇌에서 발생하지만 이성적인 사고가 우세한 좌뇌를 사용하도록 도와준다. 우뇌에서 불같이 일어난 질문은 좌뇌로 옮겨지면서 감정을 진정시키고 논리적인 형태를 띠게 된다. 이런 형태의 질문은 자기 자신을 향하여 던지는 성찰형 질문인 경우가 많고, 이 성찰형 질문이 자존감을 키우는 열쇠가 된다는 것이다.

인간은 성장하면서 여러 그룹에 들어가 활동한다. 가족이라는 그룹, 학교라는 그룹, 직장이라는 그룹, 종교라는 그룹, 신념이라는 그룹…. 그렇게 살면서 40세가 되고 기성세대가 되면 자기 자신은 없고 그룹만 남게 된다. 그래서 자존감보다는 소속감이 우리 삶을 지탱하는 줏대가 되는 현상이 생긴다. 이럴 경우, 속해 있던 그룹을 떠나거나 이탈하게 되면 개인은 무너지고 만다. 그래서 무너지지 않기 위해 더욱 굳세게 그룹에 매달리며 집착하는 경우가 많다.

현대는 자존감이 소진되기 쉬운 사회이다. 21세기 정보화사회에서 정보를 좇느라 이리저리 휘둘리면 나는 사라지고 정보만 남게 된다. 자신을 향한 성찰형 질문 없이 자라고 성장했기 때문이다.

아무리 바빠도 자신을 지키는 '생각하는 시간'을 가져야 한다. 그 생각하는 시간은 자신을 향한 질문을 생성하는 시간이다. 육체의 근육을 키우려면 운동을 해야 하듯이, 정신의 근육을 키우기 위해서는 생각을 해야 한다. 그 생각이 질문의 형태로 떠오를 때 아이들의 자존감도 성장하여 심리적 어른이 될 수 있다.

> 자기를 사랑하는 것만이 자존감은 아니다. 진짜 자존감은 타인을 제대로 보고 평가할 줄 아는 데서 출발한다. 그래서 자존감이 낮은 사람은 나르시시즘에 빠지기 쉽다.

심리학자 안나 프로이트의 말이다. 그녀는 자존감이 낮은 사람들의 특징을 다음과 같이 제시했다. 첫째 나를 거절하지 않을 것 같은 사람만 사귀기. 둘째 감추기, 위장하기, 거짓말하기, 권위에 복종하기, 의심하기, 약자에게 무례하게 굴고 지배하고 착취하기. 셋째는 강자의 뒤에서 뒷담화하며 깎아내리기이다. 안나 프로이트 박사는 '그들이 낮은 자존감의 소유자가 된 주된 이유는 어린시절에 자기 결정권을 유보당했거나 자신과 똑바로 대면할 기회를 갖지 못했기 때문'이라고 말한다.

요즘 한국에서 가장 잘 팔리는 책이 자존감과 관련된 자기계발서라고 한다. 몇몇 권은 1년 내내 베스트셀러 자리를 차지하고 있다. 부모가 모든 것을 결정해주고, 경쟁 학교와 경쟁 사회 속에서 성장한 한국 어른들이 늦게나마 자존감을 찾기 위한 몸부림 현상으로 보인다.

06

질문은 기억력을 강화한다

기억에도 소유권이 있다

우리의 두뇌에는 수많은 지식이 들어 있지만 모두가 같은 생명력을 가진 것은 아니다. 질문 없이 얻은 지식, 누군가가 주입식으로 넣어준 지식은 단기기억 속에 머물다 3개월 이내에 기억의 하수구로 흘러가버린다. 반면에 질문을 통해 스스로 얻은 지식은 강력한 힘을 가지고 장기기억 속에 각인되어 영원한 나의 것이 된다.

우리가 초중고 시절에 그렇게 밤새워 외웠던 토막지식들은 모두 어디로 갔을까? 교과서나 수업시간에 밑줄 치면서 열심히 외운 지식 중에 생각나는 게 별로 없다. 시험에서는 100점을 맞았어도 지금은 다 잊힌 지식들이다. 그 이유를 '바른질문연구소'의 공동 대표인 댄 로스스타인 박사는 이렇게 설명한다.

> 학교에서 배운 그 많은 지식이 생각나지 않는 것은 질문 없이 배운 자동화된 지식이기 때문이다. 질문 소유권은 이해와 기억에 영향을 끼친다. 질문으로 얻은 자기 소유권이 있는 답은 영원히 잊히지 않는다. 질문을 통해 얻은 답은 자기 자신이 만든 답이기 때문이다.

질문 없이 얻은 자동화된 지식만 소유한 사람은 곧 부도 처리될 어음의 소유자와 같다. 반면에 자신이 질문 소유권을 가지고 찾았거나 만들어낸 지식들로 머릿속을 채운 사람들은 지식의 백만장자와 같다. 세월이 흘러도 그의 지적 재산은 무너지지 않을 것이다.

질문 만들기는 기억력을 강화한다

만약에 자기가 낸 문제로 시험을 본다면 얼마나 신날까? 만약에 학생이 질문을 하고 교사가 대답해야 하는 교실이 있다면 얼마나 재미있을까? 학창시절에 한번쯤 이런 꿈을 꾸어보지 않은 사람이 있을까?

대개의 교실에서는 선생님이 질문을 하고 학생들은 답변을 한다. 그러나 그 반대인 교실이 있다. 핀란드에도 있고, 우리나라에도 있다. 학생이 질문을 하고 선생님이 답변을 한다. 선생님이 시험문제를 내고 아이들이 답을 쓰는 대부분의 교실과 달리 이 반에서는 학생들이 시험문제를 내고 답도 학생들이 쓴다. 모든 아이들이 골고루 한 문제씩 낸다. 그리고 선생님은 그중에서 좋은 문제를 골라 실제로 시험문제로 사용한다. 그래서 학생들은 자기 문제가 뽑히기를 간절히 희망하면서 좋은 문제를 내려고 밤새워 끙끙 고민한다.

아마도 시험문제를 내본 사람은 이 선생님들의 비밀을 짐작할 것이다. 시험문제를 내려면 얼마나 열심히 내용을 파악해야 하는가를. 시험문제를 내려면 그 내용을 완전히 알고 있지 않으면 불가능하다. 내용을 잘 모르면 엉뚱한 문제를 내게 된다. 그 선생님들은 바로 이 원리를 활용한 것이다. 학생들은 자신의 문제가 뽑히기를 소망하면서 좋은 질문을 만들려고 열심히 공부할 것이다.

이러한 현상은 학습심리학자 레더Reder의 '덧붙이기 가설의 효율성'으로 설명할 수 있다.

> 초점가설focus hypothesis로서의 점화질문priming question은 학습자로 하여금 핵심 아이디어에 접근하게 만든다. 그리고 이것이 중요한 정보의 시연을 촉진시키면서 정보의 기억을 더 강화시켜 간다. (…) 스스로 질문을 만들어보는 것은 학습자들로 하여금 배운 것에 대한 재구성 활동 즉, 학습내용을 다시 한번 재구성하는 활동으로서 기억을 강화하고 스키마를 형성하는 데 효과가 크다.

질문은 두뇌의 스포츠

디지털 기계에 기억을 의존하고부터 인간의 기억력 감퇴현상이 일어나고 있다. 인지경도장애 연구에 따르면 디지털 기계가 나오기 전에는 타인의 전화번호를 20개 이상 외우는 사람들이 많았지만 지금은 5개 이상을 외우는 사람이 드물다고 한다.

현대인들의 이런 '디지털 기억상실증'에 대하여 컬럼비아대학교 심리학과 교수 베시 스패로Betsy Sparrow와 동료들은 〈구글이 기억에 미치는 영향〉이라는 논문에서 다음과 같이 주장하고 있다.

> 인터넷은 외부 혹은 분산 기억의 주된 형태가 되었고, 우리 뇌가 아닌 그것에 정보가 집단적으로 저장되고 있기 때문에 인간은 디지털 기억상실증에 집단으로 걸리고 말았다.

기억력은 단련하면 강해진다. 기억하기가 두뇌의 스포츠이기 때문이다. 사람은 선천적으로 자신이 외우기 쉬운 형태로 가공하여 기억한다. 한 예로, 우리는 의미를 그림으로 바꾸어 기억하는 이미지 기법을 사용하기도 하고, 의미를 소리로 바꾸어 기억하는 음성기법을 사용하기도 한다.

우리 머릿속에는 기억 속에 조직된 지식을 표상하는 추상적인 구조가 들어 있다. 새로운 지식은 점진적인 동화의 과정이나 재구성 과정을 거쳐 이루어지는데, 이러한 과정을 거쳐 기존의 스키마를 토대로 새로운 스키마가 생성되기도 하고, 과거의 불완전한 스키마가 재조직되기도 한다. 그래서 아이들에게 스스로 질문을 만들어보게 하는 것은, 배운 것에 대한 재구성 활동을 통해 기억력을 강화할 수 있는 좋은 훈련방법이 된다.

07

질문은 소통의 통로를 넓혀준다

"이 옷을 입으니까 뚱뚱해 보이죠?" 이렇게 질문하는 말 속에는 "아니에요. 날씬해 보여요"라는 말을 듣고 싶은 욕망이 들어 있다. 흔히 중년의 여자들이 오랜만에 친구를 만나면 "나 많이 늙었지?" 라고 묻는다. 그때 "그래, 많이 늙었구나"라고 답변하는 사람은 질문의 원리를 모르는 사람이다. "아니야. 10년 전 그대로인데 뭐"라고 말해야 질문의 원리를 아는 사람이다. "그래, 많이 늙었구나"라고 대답한 사람은 질문한 사람과 소통이 이루어지지 않는다. 그래서 두 사람은 이어갈 대화가 없어서 멀뚱멀뚱 쳐다보다가 헤어진다. 질문은 몰라서 묻는 것이 아니라 소통하고 싶다는 신호인데, 친구가 보낸 신호를 놓쳤기 때문이다.

인간의 욕구 중에 '자기표현의 욕구'라는 것이 있다. 생명보존의 욕구, 종족보존의 욕구, 소속의 욕구가 자기 자신을 보호하려는 욕구라면 제4의 욕구인 자기표현의 욕구는 자신을 알리고 싶은 사회적 욕구이다.

아기는 태어나 3개월이 되면 옹알이를 시작한다. 그런데 옹알이가 시작될 때 엄마가 응답을 그때그때 잘하면 아기는 옹알이를 신나게 오랫동안 한다. 그러나 엄마나 다른 어른들이 응답하지 않으면 아기의 옹알이는 금방 시들어버린다.

아기들의 옹알이처럼 소통도 상호작용 속에서 발생하고 지속된다. 인간은 언어에 익숙하기 전부터 각종 형태를 이용해 소통해왔다. 이것이 아기들의 옹알이이고 세 살 아이들의 폭풍 질문이다.

인공지능은 질문을 생성하지 못한다

A 이번 토요일에 함께 영화 볼까요?

B 저는 이번 토요일에 등산 갑니다.

이런 경우, B의 대답이 거절의 의미라는 것은 일곱 살짜리 아이도 알 수 있지만 AI는 모른다. 기계는 '예' 혹은 '아니오'가 들어 있지 않기에 거절이라고 해석하지 않는다.

질문이 주는 신호에 적당한 답을 마련하는 것이 소통의 기술이다. 그런 의미에서 AI는 소통의 기술에서는 인간을 앞지를 수가 없다. 인공지능은 데이터를 처리하고 저장하는 역할에서는 사람을 앞설 수 있지만 결국 데이터를 가지고 기획하고 의사결정을 내리는 건 사람의 몫이다. 가치와 목표설정, 영감, 공유, 의사소통 등의 주체는 사람이지 기계가 아니다.

4차 산업혁명시대에 AI와 로봇은 인간이 하던 많은 일을 대신하게 되지만, 사람처럼 호기심 많고, 스스로 질문을 만들고, 적절한 판단을 내리는 일을 하는 것은 불가능하다. 그래서 앞으로 인공지능의 활용도가 높아질수록 회사의 경영자들은 지식창고형 두뇌, 경쟁형 인재보다 생각하는 두뇌, 타인과 협력하는 '소통형 인재'를 원하게 될 것이다.

소통의 창은 '질문과 반응'으로 밝아진다

소통이 부족해서 정권이 무너지고, 소통이 부족해서 가정도 무너진다. 현대사회에서 각종 문제를 일으키는 외로운 늑대들은 모두 소통에 실패한 사람들이다.

사람들은 자신의 말을 경청하는 사람을 좋아한다. 경청한다는 것은 나를 존중한다는 의미이기 때문이다. 경청은 상대방에게 관심을 기울이는 태도이다. '상대방의 관심을 끌려고 애쓰는 1년보다, 그의 말을 경청하는 1시간이 더 효과적'이라는 격언처럼 경청은 상대방과 나를 가깝게 해준다.

좋은 질문에는 대화를 풀어내는 마법이 들어 있다. 적절한 질문은 대화의 물꼬를 트고, 상대방이 관심을 가질 만한 질문이나 두 사람 사이에 해가 되지 않는 중립적인 질문은 소통으로 이어진다. 질문은 소통의 출발점이다. 누군가 나에게 질문하는 것은 나에게 손을 내미는 것과 같다.

질문하는 기술과 대답하는 능력은 초등학생부터 대기업의 CEO에 이르기까지 누구에게나 필요하다. 질문이 주는 신호에 알맞은 대답을 할 수 있는 능력이 소통능력이기 때문이다. 질문의 신호에 적절히 반응하지 못하는 사람은 대인관계에서 실패할 수밖에 없다.

우리는 모두 경영인이다. 각자 자신의 삶을 경영하고 가정을 경영하고 사람들과의 인간관계를 경영한다. 21세기 아이들에게 무엇보다 필요한 것은 전문기술이 아니라 소통을 촉진하는 질문기술인지도 모른다.

08

질문은 좋은 글의 출발점이다

하버드대학교 졸업식장에서 한 외국인 기자가 과학부문에서 박사학위를 받는 졸업생들에게 질문했다.

"지금 당신이 가장 원하는 것 하나를 댄다면?"

이때 질문을 받은 사람들 대부분이 "글 잘 쓰는 사람"이라고 답했다. 하버드대학교 박사학위 수여자라면 '노벨상 수상자'나 '유명 대학의 교수'라고 말할 줄 알았는데 '글 잘 쓰는 사람'이라니! 그래서 기자가 다시 물었다.

"이유가 뭐죠?"

"그야, 글을 잘 써야 연구한 것을 제대로 알릴 수 있으니까요."

그들의 대답은 '글을 잘 써야 노벨상도 타고 교수도 될 수 있지 않겠느냐?'는 뜻이다. 아무리 학문적 업적이 뛰어나다고 해도 글로 표현되지 못한 업적은 경쟁력이 없기 때문이다.

글쓰기는 앎의 종착역이다. 글을 써봐야 내가 무엇을 알고 무엇을 모르는지 알게 된다. 글로 쓰지 못한 지식은 내 지식이 아니다. 노벨생물학상을 받은 피터 도허티Peter C. Doherty 교수도 말했다.

"과학을 연구하려면 글을 쓸 줄 알아야 한다. 글을 잘 쓰는 사람들을 보면 자신의 명확한 생각을 가지고 있다. 반면에 글쓰기가 서툰 사람은 생각도 불분명하다."

우리는 누구나 글을 잘 쓰는 사람이 되기를 원한다. 초등학생이든 대학생이든 무명의 사람이든 유명한 사람이든 마찬가지이다. 서점에 가면 글쓰기 기술을 가르쳐주는 책들이 한 코너를 이룬다. 그중 몇 권은 1년 내내 베스트셀러에 올라 있는 것을 보게 된다. 그러나 그런 책을 읽고 당장 글을 잘 쓰게 되었다는 이야기를 들은 적은 없다.

글쓰기에서 중요한 것은 기술이 아니라 글 속에 담긴 생각이다. 기술이 하드웨어라면 생각은 소프트웨어이다. 하드웨어는 배울 수 있고 빌릴 수도 있지만, 소프트웨어는 배울 수도 빌릴 수도 없다. 남의 생각을 빌렸다가는 표절이라는 범죄를 저지르게 된다. 글의 소프트웨어인 생각의 생성을 도와주는 것이 질문이다.

질문이 일어나면 생각이 생긴다

이 글을 쓰기 위해 서울 강남의 한 초등학교에 가서 아이들과 함께 글쓰기 수업을 해보았다. 칠판에 제목 하나를 써놓자 아이들이 책상을 두드리며 외친다.

"쓸거리가 없어요!"

순간 나는 놀랐다. 1960년대에 나는 2년 동안 초등학교 교사로 일한 적이 있다. 그때 우리 반 아이들이 글쓰기 시간이면 "쓸거리가 없어요!"라고 하소연했다. 그런데 그로부터 40년이 넘게 흘렀는데 아이들은 아직도 쓸거리가 없다고 말한다.

그렇다. 우리가 흔히 글쓰기라고 하는 활동은 '쓸거리'가 있어야 한다. 그 '쓸거리'는 내용으로 불리는 소재이고 주제이다. 소재가 경험이나 사건이라면, 주제는 생각이나 의견이다. 그런데 아이들의 머릿속에 경험이나 사건, 생각이나 의견이 없다는 것이다. 왜 그럴까?

우리가 어떤 사건을 보거나 경험하고 나면 머릿속에서 질문이 일어난다. '왜 그런 일이 일어났을까?', '그래서 그 사람은 앞으로 어떻게 될까?' 그런 질문이 일어나면 생각발전소는 시스템을 작동시키고 자기 의견을 내놓는다. 글이란 이런 생각들을 써놓은 문장의 집합체이다. 독창적인 생각, 아름다운 생각, 정의로운 생각이 들어 있는 글일수록 좋은 글로 평가받는다.

반면에 질문 없이 두뇌 속에 저장된 지식은 필경 자기 지식이 아닌 경우가 많다. 교과서나 교사에게 비판 없이 배운 후, 자동으로 저장된 지식일 경우가 많다. 간혹 이런 자동화된 지식으로 가득 찬 글을 보게 되는데, 이런 글은 무미건조한 글, 지루한 글, 개성 없는 글의 표본이다.

강남의 그 초등학교에서 학생들과 하루 종일 함께 지내고 나서 알게 되었다. 초등학교 6학년인 그들은 비슷한 장래희망을 가지고 있었고, 유행하는 옷을 입고, 유행하는 노래를 부르고, 유행하는 게임을 하고 있었다. 혹시 유행을 따르지 않으면 아이들 사이에 끼지 못하거나 다른 학생들과 다를까봐 걱정하는 아이들도 많았다. 대다수의 아이들과 다른 생각을 하게 될까봐 열심히 유행을 따르고, 혹시 다른 생각을 하는 것이 알려져 '왕따'가 될까봐 두려워하는 아이들도 있었다.

이런 유행을 좇는 삶에서 어떤 질문이 일어날 수 있을까? 질문 없는 완전 일치의 유행 속에서 글을 쓰면 비슷한 글이 나올 수밖에 없지 않을까? 예나 지금이나 아이들 입에서 "쓸거리가 없어요!"라는 외침이 나오는 것은 당연한 일이 아닐까? 독특한 생각과 의견이나 질문만이 아이들에게 쓸거리를 가져다줄 수 있을 텐데, 걱정스러운 현실이다.

09

질문지능과 리더십은 비례한다

위대한 리더들은 뛰어난 질문쟁이

역사적으로 볼 때 리더들은 적절한 장소에서 적절한 질문을 할 줄 아는 사람들이었다. 석가는 길을 가다가 고을 영주의 죄 사함을 위해 바쳐질 소가 끌려가는 모습을 보고 끌고가는 사람에게 질문했다.

"잘못은 사람이 했는데, 왜 소가 희생되어야 합니까?"

이 질문을 전해들은 영주는 잘못을 깨닫고 소를 바치는 제도를 없앴다.

예수는 간음한 여자에게 돌을 던지는 군중을 보고 질문했다.

"저 여자에게 돌을 던질 자격이 있는 사람이 여기 있느냐?"

그러자 군중들은 모두 돌을 놓고 돌아갔다.

링컨이 고향 스프링필드에서 하원의원에 두 번째 도전했을 때 상대 후보이며 일류대학 출신인 더글러스가 그의 학력을 공격했다.

"초등학교 2학년 중퇴생에게 우리 스프링필드를 맡길 수 있겠습니까?"

"안 됩니다! 안 돼요!"

청중들이 대답했다. 그런 불리한 분위기 속에서 단상에 오른 링컨이 청중에게 질문했다.

"일류대학을 나온 더글러스와 초등학교 중퇴인 내가 나란히 후보로 나섰습니다. 그렇다면 우리 둘 중 누가 더 노력하며 산 사람입니까?"

"링컨이요! 링컨!"

청중이 대답했다. 선거운동 초반에 낙선이 확실한 후보였던 링컨은 그 연설 후에 인기가 높아져 더글러스 후보를 더블 스코어로 따돌리며 당선되었다.

태종은 재위기간 18년에 경연을 60회 했고, 세종은 재위기간 32년에 경연을 1,898회 했다. 163권 154책에 달하는《세종실록》에는 '이 문제에 대하여 경들은 어찌 생각하시오?'란 질문이 가장 많이 나온다. 세종은 일방적으로 지시하는 임금이 아니었다. 그는 질문으로 신하들을 존중했고, 질문으로 그들의 마음을 얻은 리더였다. 세종은 질문의 달인이었다.

이렇게 상황에 맞는 적절한 질문은 사람들의 마음을 사로잡고 사람들의 감정과 상황을 통제하면서 역사의 수레바퀴를 돌려놓는다. 질문을 잘하는 사람이 된다는 것은 리더가 되는 지름길이다. “좋은 질문은 권력을 낳는다”라는 서양 속담이 이를 증명해준다.

질문은 진실을 캐내는 곡괭이

우리가 질문을 받으면 신경계가 자극되어 뇌세포가 활성화되면서 자신도 모르는 사이에 답이 튀어나온다. 물론 대답을 안 할 수도 있지만 어쩐지 대답을 해야 할 것 같은 느낌을 받는다. 질문에 대한 이런 의무감을 ‘응답반사’라고 부른다. 응답반사 현상은 우리가 지식을 얻거나 삶의 문제를 해결하는 열쇠를 얻을 때 똑같이 작용한다.

이런 질문의 심리적 특징 때문에 질문하는 사람과 질문받는 사람은 질문을 통해 자연스럽게 어떤 관계 속에 놓인다. 전쟁에서 강한 편이 선제공격을 하는 것처럼 질문하는 사람은 갑의 위치에 서게 되고, 질문받는 사람은 을의 위치에 서게 된다. 그래서 적절한 질문을 하면 자기가 이끄는 대로 사람들이 따라오게 된다.

우리는 누구나 자녀가 사람들의 존경을 받으며 리더로 살기를 원한다. 그러나 그런 욕망보다 먼저 해야 할 일은 아이의 질문지능을 길러주는 일이다. 질문지능이 높아야 다른 사람의 마음을 얻고 이끌 수 있기 때문이다. 질문은 진실을 캐내는 곡괭이, 가야 할 곳을 비추는 손전등이다. 곡괭이와 손전등을 가진 사람이 리더가 된다.

질문에는 상황을 통제하는 힘이 있다

질문이란 상대방의 머릿속을 환히 알아내는 힘이 있다. 힘 있는 질문은 내가 듣고 싶은 대답을 상대방이 하도록 만들기도 한다. 하나마나 한 질문은 사람을 따분하게 만들지만, 좋은 질문은 사람을 지적으로 흥분하게 한다. 미처 몰랐던 내용을 깨닫게 하기도 하고, 창의적인 아이디어를 떠오르게도 한다. 그래서 좋은 질문을 하면 순식간에 분위기를 자기편으로 만들 수 있고, 대화의 주도권을 잡거나 군중을 통제하게 된다.

힘 있는 질문은 설득보다 힘이 세다. 한 사람이 질문을 하면 나머지 사람들은 귀를 기울인다. 대중의 궁금증을 자극하는 질문을 할 경우, 대중은 질문한 사람에게 집중한다. 그래서 좋은 질문을 할 줄 아는 사람이 리더가 된다.

질문하는 아이로 키우는 엄마표 독서수업

2

질문을 즐기는 아이로 만드는 12가지 독서법

남이 이끄는 대로만 살고 싶다면
질문능력은 필요 없다.
미래지향적인 삶, 창조적인 인생을 살고 싶다면
질문능력은 필수이다.
끊임없이 질문을 생성하는 두뇌는
어떤 상황에서도 길을 찾는다.

01

질문의 씨앗, 호기심을 자극하라

"박사님의 가장 탁월한 점은 무엇이라고 생각하십니까?"

"아, 그거요? 호기심입니다."

1921년 노벨상 시상식장에서 기자들의 질문에 아인슈타인이 답변했다. '열정, 노력, 투지'와 같은 단어를 기대한 기자들이 어리둥절해하자, 아인슈타인이 다시 말했다.

"내가 자라던 동네 샛강에는 어린 나의 호기심을 끌 만한 것들이 참 많았지요."

샛강에서 싹튼 호기심과 궁금증은 어린 아인슈타인의 두뇌에 수많은 질문을 싹트게 했고, 그 질문을 따라 연구하다 보니 위대한 물리학자가 되었다는 이야기이다.

책과 영화를 볼 때 두 가지 타입의 사람들이 있다. 줄거리만 읽고 만족하는 독자와 '왜?'라고 질문하는 독자다. 작가가 쓴 줄거리만 읽는 독자는 내용만 수동적으로 받아들이기 때문에 질문을 만들지 못한다. 그러나 궁금증이나 호기심을 가지고 의심을 품는 독자의 머릿속에는 질문이 일어난다. 호기심은 궁금증을 발생시키고, 궁금증은 질문으로 나타난다. 질문지능이 높은 자녀를 원한다면 호기심과 궁금증이 풍부한 아이로 만드는 것이 우선이다.

아이의 호기심과 궁금증을 자극하여 질문지능을 높이는 방법에는 다음과 같은 것들이 있다.

첫째, 아이에게 "원래 그런 거야"라는 말을 절대로 하지 않는다.

A

아이: 엄마, 결혼식에서 신부들은 왜 하얀 드레스를 입어요?

엄마: 원래 신부는 하얀 드레스를 입었어.

B

아이: 엄마, 결혼식에서 신부들은 왜 하얀 드레스를 입어요?

엄마: 글쎄, 왜 그럴까? 하얀 드레스를 입은 신부와 검정 드레스를 입은 신부를 볼 때 느낌이 어떻게 다를지 상상해보렴.

A형 엄마는 호기심 대신 규범을 존중하는 엄마다. A형 엄마라

면 의사들은 옛날부터 흰 가운을 입었고, 장례식에서는 검정 옷을 입는 게 예의라고 대답할 것이다. 이런 엄마 밑에서 자란 아이들은 호기심 호르몬인 도파민 부족 현상이 일어난다.

이런 아이들이 학교에 가면 질문 없는 조용한 아이가 된다. 질문 없는 아이들은 질문이 많은 아이들보다 '의욕 부족', '상상력 부족', '창의성 부족' 현상이 뚜렷하게 나타난다. 의욕 부족은 자기 발전을 가로막고, 상상력 부족은 하나를 배우면 하나만 아는 아이에 머물게 하고, 창의성 부족은 미래를 개척하지 못하는 제자리 인생을 만든다.

B형 엄마는 호기심을 길러주는 엄마이다. 이런 엄마들은 또 이렇게 질문할 것이다. 의사는 왜 흰 가운을 입을까? 장례식에서는 왜 검정 옷을 입을까? 육군은 왜 초록색과 갈색이 섞인 얼룩무늬 군복을 입고, 공군은 왜 청색 제복을 입을까?

이런 엄마와 대화하며 자란 아이들은 호기심을 일으키는 도파민이 풍부하다. 엄마의 질문들이 기존 질서나 현상에 의문을 품도록 자극했기 때문이다. 이런 아이들의 두뇌는 질문의 씨앗인 호기심으로 가득 차게 된다. 그래서 학교에 가면 질문 잘하는 그룹에 들게 된다.

둘째, 아이가 질문했을 때 즉각적인 대답보다는 '되물어보기'를 한다. 책을 읽고 나면 아이들은 다양한 질문을 한다. 관습적인 것을 묻는 아이도 있고, 신기한 것을 묻는 아이도 있고, 말이 안 되는 것을 묻는 아이도 있다. 이때 현명한 엄마는 어떻게 대답해야 할까?

즉각적인 대답보다는 "글쎄, 왜 그럴까?"라고 일단 되물어보자. 이런 되물어보기는 아이의 두뇌에 더 많은 호기심 씨앗을 심어준다. '되물어보기' 질문을 반복하여 경험한 아이들은 하나의 질문에서 또 다른 질문이 싹을 틔워 질문 부자가 된다.

셋째, 과학적 호기심이 담긴 질문에는 과학적으로 답변한다.

"천둥은 왜 치나요?"

"해는 왜 저녁이면 지나요?"

어린이들이 이런 질문을 할 때 천둥은 하나님이 화내는 소리고, 해가 지는 건 해님이 저녁 먹으러 가기 때문이라는 전래동화식의 답변을 하는 부모들이 있다. 이런 동화적 답변은 아이들의 과학적 호기심에 찬물을 끼얹는다.

과학적 호기심이 담긴 질문에는 과학적으로 대답하는 것이 좋다. 그리고 엄마의 비전문적인 답변보다는 자연현상에 대한 책을 읽게 해주는 편이 더 좋다. 예를 들어 아이가 바람에 대해 질문했을 때에는 샬로트 졸로토Charlotte Zolotow의 《바람이 멈출 때》와 같은 책을 함께 읽어보는 것이 좋다. 이 책은 바람의 생성과 소멸 과정을 보여주는 그림책인데, 바람에 대한 어린이의 호기심에 충실한 답변을 들려준다. 자신의 질문에 충실한 답변을 들은 아이들은 자라면서 호기심도 자라고 질문능력도 자란다.

02

질문의 촉매,
공감하며 읽는 법

아기 몸에 주삿바늘이 꽂히는 순간, 엄마들은 얼굴을 찡그리며 괴로워한다. 아기의 고통이 자신의 고통처럼 느껴지기 때문이다. 이런 현상은 엄마가 가진 높은 공감능력 때문에 일어난다.

이런 공감능력은 두뇌에 있는 거울 신경계에서 일어난다. 거울 뉴런은 우리가 본 것과 느끼는 것 사이를 연결하는 생리적 역할을 하는 세포인데, 우리가 다른 사람들로부터 감지하는 표정, 시선, 몸짓, 태도를 보고 동일시를 느끼게끔 도와준다. 그러니까 거울 뉴런의 활동 때문에 우리는 다른 사람의 아픔에 동일시를 느끼고, 마음이나 생각을 읽을 수 있는 공감능력을 갖게 된다.

공감능력이 부족하면 상대방의 입장에서 느끼거나 바라보지 못하기 때문에 타인을 이해하고 배려하는 행동이 불가능해진다. 공감능력은 또래집단에 편입하는 어린이들에게 더욱 중요하다. 타인을 이해하고 배려하는 능력이 없으면 친구를 사귀는 데 어려움을 겪는다. 친구가 없다는 것, 친구들이 싫어한다는 것, 또래집단에 낄 수 없다는 것은 어린이의 자존감에 상처를 입혀서 성격적 결함까지 유발할 수 있다.

심리학자들의 공감에 관한 연구에 따르면 "공감이 일어나야 마음이 움직이고, 마음이 움직이려면 질문이 일어나야 하고, 질문이 일어나면 세상을 더 적극적으로 보고 행동하게 된다"고 한다. 그래서 공감을 가리켜 '질문의 촉매'라고 부른다.

공감능력을 길러 질문지능을 높이는 독서방법에는 다음과 같은 것들이 있다.

첫째, 아이의 감성을 자극하는 기회를 자주 갖는다. 예를 들어 아이와 함께 텔레비전 뉴스를 보다가 깨끗한 식수가 없어 병들어 가는 아프리카 아이들을 보게 되었을 때 두 타입의 엄마가 있을 수 있다. 그냥 멍하니 바라보는 엄마와 옆에 있는 자녀에게 "저 아이는 지금 얼마나 목이 마르겠니?"라며 감성을 자극하는 질문을 하는 엄마이다. 엄마의 질문을 받은 아이는 감성의 눈이 떠지면서 목마른 아이와 자신을 동일시하고, "아프리카는 왜 저렇게 가난하게 되었을까? 어떻게 하면 가난에서 벗어날 수 있을까?"와 같은 질문을 품게 된다. 반면에 감성을 자극받지 못한 아이는 동일시와 공감이 일어나지 않아 아무 생각 없이 뉴스를 보게 된다.

둘째, 책 속의 주인공과 동일시를 경험할 수 있는 질문을 한다. 예를 들어 아이와 함께 야시마 타로의 그림책《까마귀 소년》을 읽을 때 엄마가 다음과 같은 질문을 한다면 아이의 질문 욕구가 상승한다.

"아이들이 까마귀라고 놀릴 때 소년은 무슨 생각을 했을까? 네가 까마귀 소년의 마음을 짐작해볼까?"

"반 친구들은 왜 까마귀 소년을 싫어했을까? 네가 반 친구들이 되어 대답해볼까?"

03

질문지능,
어휘력의 지배를 받는다

사람은 자신의 머릿속에 저장되어 있는 어휘만큼만 이해하고, 느끼고, 생각하고, 말할 수 있다. 그래서 어린 시절에 좋은 어휘를 많이 알게 해주는 것이 우수한 두뇌, 풍부한 감성, 따듯한 인간성을 갖춘 똑똑한 인간으로 기르는 지름길이다. 아이들이 알아야 할 좋은 어휘들은 좋은 문학책 속에 들어 있다.

2012년 미국교육과학연구소에서 당시 미국을 이끌어가고 있는 리더 1,000명의 특징을 연구한 보고서의 일부 내용이다. 이 보고서는 '현재 미국의 리더들은 초등학교 시절에 명작동화를 500권 이상 읽은 아이들이었다'라고 밝히면서 어휘력을 높이는 데는 명

작동화가 효과적이라는 의견을 내놓았다.

책을 읽을 때 만나는 어휘들은 자연스럽게 독자에게 학습된다. 학습된 어휘는 두뇌와 의식 속에 자리 잡고, 감정과 생각을 조정한다. 이런 결과로 인간은 자신의 머릿속에 저장된 어휘만큼만 이해하고, 느끼고, 생각하고, 행동할 수 있게 된다. 다시 말하면, 어린 시절에 읽은 좋은 책들은 좋은 어휘 모델을 제공하고, 질이 낮은 책들은 질이 낮은 어휘 모델을 제공한다. 그리고 그 어휘들은 우리가 말을 하거나 글을 쓸 때에 무의식적으로 표출된다.

질문지능은 어휘력에 지배를 받는다. 머릿속에 떠오르는 생각과 질문도 어휘력이 부족하면 발화되지 못한다. 혹시 발화되더라도 알맞은 어휘를 사용하지 못해 다른 사람들이 이해할 수 없다면 그 질문은 무용지물이 되고 만다. 그래서 질문을 즐기는 아이가 되려면 먼저 풍부한 어휘력을 갖추어야 한다.

어휘력을 향상시켜 질문지능을 높이는 독서방법에는 다음과 같은 것들이 있다.

첫째, 전래동화를 읽어줄 때, 고급어휘는 조금 높은 톤으로 읽어준다. 예를 들어 《해님 달님》을 읽어주는 엄마가 아이에게 '과수댁'과 '남매'와 '동아줄'을 가르쳐주고 싶다면 그 단어를 조금 높은 톤으로 읽는다. 그러면 아이의 두뇌는 들리는 수많은 낱말 뭉치 속에서 그 단어가 유독 잘 들린다. 아이는 모르는 낱말을 들을 때, 바로바로 질문을 한다. "과수댁이 뭐예요?", "남매가 뭐예요?", "동아줄이 뭐예요?" 그러나 이때 곧바로 낱말 뜻을 가르쳐주기보다는 "잘 들어보렴. 읽다 보면 낱말 뜻을 저절로 알게 될 테니"라고 대답하는 게 좋다. 스스로의 노력 끝에 알게 된 어휘의 뜻은 아이의 장기 기억 속으로 들어가 영원히 저장된다.

둘째, 책을 읽다가 모르는 어휘가 나올 때는 '짐작하며 읽기'를 권한다. 많은 아이들이 아는 어휘는 아는 채로, 모르는 어휘는 모르는 채로 읽어나간다. 이런 겉핥기식 읽기는 어휘력 향상에 별 도움이 되지 않는다. 책을 읽다가 모르는 어휘가 나오면 짐작하여 그 옆에 뜻을 적어놓도록 돕는 것이 좋다. 이렇게 애벌 읽기를 해놓고, 나중에 사전을 찾거나 어른들에게 질문해보고, 자신이 짐작했던 뜻이 맞는지 아닌지를 확인하는 것이다. 이 확인 작업에서 맞았을 땐 쾌감이 일어나고, 틀렸을 땐 분발이 일어난다. 이런 '짐작하며 읽기'는 어휘량을 늘이는 데 큰 효과가 있다. 친구나 형제끼리 게임으로 해도 재미가 있고 효과도 올라간다.

셋째, 아이가 대명사로 질문하면 엄마는 구체어로 답변한다. 어린 자녀가 그림책을 보다가 "이거 뭐야?"라고 대명사를 사용해 물으면 "아, 사과 말이구나" 하고 사물의 이름인 명사로 대답한다. "엄마 저거" 하면 "어, 저 담 위에 피어 있는 빨간색 장미꽃 말이니?" 하고 되물어주면 아이들의 어휘력은 쑥쑥 자란다.

갖고 싶다는 의사 표시를 말로 하지 않고 손가락으로 가리키는 아이들이 있다. 이때 아무 말 없이 그것을 갖게 해주는 엄마, 덩달아 몸짓언어로 손이나 고개를 흔드는 엄마가 있다. 아이들의 몸짓

언어에 대한 이와 같은 반응은 아이의 어휘력 확장에 도움이 되지 않는다. "너 아이스크림이 먹고 싶구나. 그러면 '아이스크림 사주세요' 그래야지" 하면서 아이에게 아이스크림을 발음하게 하는 것이 좋다. 대명사 대신 명사를, 몸짓언어 대신 구체적인 명사를 사용하면 어린이의 어휘력 향상에 도움이 된다.

04

정확한 질문을 위해 집중력 높이는 법

몰입이나 집중은 단순히 어떤 일에 빠져드는 상태가 아니라, 자신의 능력을 최대한 발휘할 수 있는 순간을 경험하는 상태를 일컫는다. 운동선수들은 몰입하면 어떤 소리도 들리지 않는다고 한다. 시간이 얼마나 흘러갔는지도 모르고, 심지어는 득점이 이루어진 것도 모르는 경우가 있다고 한다. 이런 '무아지경' 속에서 사람은 뛰어난 능력을 발휘한다.

집중력은 생리적으로 3분 이상을 집중하기 어려운 어린이들에게 학교생활과 독서생활을 가능하게 해준다는 점에서 매우 중요한 능력이다. 학습방법과 인지심리학 연구들은 학습능력이 높은 아이들의 가장 큰 특징으로 강력한 집중력을 꼽는다. 두뇌학자들도 영재의 특징 중 빼놓을 수 없는 요소로 집중력을 꼽고 있다.

그런데 요즘 우리나라 어린이와 청소년들은 책 읽기에 몰입하지 않는다. 요란한 음악을 틀어놓고 고개를 흔들면서 책을 읽거나 공부하면서 "이래야 공부가 더 잘된다"라고 말한다. 그러나 그것은 오해이다.

한 교수가 요란한 음악을 크게 틀어놓고 공부하는 학생들에게 그 이유를 물었다. 학생들은 음악을 틀어놓아야 공부가 더 잘된다고 대답했다. 그래서 그 교수가 시험시간에 학생들이 들었던 음악을 크게 틀었다. 그랬더니 모든 학생들이 집중이 안 된다며 아우성을 쳤다. 집중이 더 잘되니 그냥 두라는 학생은 단 한 명도 없었다. 요란한 음악이 두뇌활동이 활발하게 진행되어야 하는 공부나 독서에 방해가 된다는 것을 증명하는 실화이다.

집중력을 강화하여 질문지능을 높이는 독서방법에는 다음과 같은 것들이 있다..

첫째, 책을 읽어주고 나서 엄마의 질문에 대답하는 게임을 한다. 아이는 눈을 감고 엄마가 책을 읽어준다. 듣고 나서 아이에게 등장인물들의 이름, 성격, 대화와 사건의 순서 등을 질문한다. 이런 질문과 대답놀이는 듣기 집중력을 강화하여 학교에서 수업시간에 선생님 말씀을 정확하게 듣는 능력을 길러준다. 학교에서 질문을 잘하는 아이들의 80퍼센트가 선생님 말씀을 집중하여 듣는 아이들이다. 집중하지 않은 아이들은 생각발전소가 가동하지 않아 질문할 자료가 없어서 질문하지 못한다.

둘째, 책을 읽고 나서 다른 사람에게 이야기를 전하게 한다. 이 책을 읽고 다른 사람에게 내용을 전하겠다고 생각하면 더 집중해서 읽게 된다.

"엄마가 안 읽어본 책이네? 네가 읽고서 엄마에게 이야기해주렴."

"읽고 나서 동생에게 이야기해주렴."

"할머니께 들려 드리면 기뻐하시겠지?"

이때 전하고자 하는 대상에 따라 집중하는 부분이 달라진다. 대상이 어른인지 아이인지, 노인인지에 따라 집중하는 부분이 달라진다. 이야기를 전하는 여러 실험에 의하면 아이들은 이야기를 듣는 상대가 누구냐에 따라 어휘 수준, 내용 등을 다르게 한다고 한다. 대상에 따라 이야기를 다르게 만들려면 들을 때부터 고도의 집중이 요구되므로 아이들의 두뇌는 강력한 집중 속으로 들어간다.

05

질문창고를 풍부하게 하는 장기기억 훈련법

독일의 심리학자 헤르만 에빙하우스Hermann Ebbinghaus는 "인간의 기억은 시간의 제곱에 반비례한다"는 '망각의 곡선'이라는 기억 이론을 발표했다. 그의 연구에 따르면 인간의 망각은 학습 후 10분이 지나면 시작된다. 1시간 뒤 50퍼센트, 하루 후엔 70퍼센트, 한 달이 넘으면 80퍼센트를 잊어버린다. 기억을 장기화하려는 노력이 없다면, 수년이 지난 후 우리는 과연 무엇을 기억할 수 있을까?

기억의 장기화를 꾀하는 방법으로 '이미지 기법'이 있다. 이미지 기법으로 읽으면 망각의 곡선을 늦출 수 있다. 책을 읽을 때 문자를 이미지와 영상으로 바꾸면 재미있는 독서가 된다. 재미만 있는 것이 아니라 책의 내용을 훨씬 자세하고 오랫동안 기억할 수 있다.

일반적으로 이미지로 전환된 기억은 아무리 복잡하고 어려워도 쉽게 기억된다. 예를 들어 이순신 장군 전기에 한산도 앞바다에서 일본 함대를 '학익진 전법'으로 유인하여 격파했다는 이야기가 나온다. 이때 어린이에게 '학익진 전법'이라고만 주입식으로 가르치면 나중에 기억하지 못한다. 하지만 학의 날개처럼 배를 배치하고 일본 함대가 들어오도록 유인하는 장면을 이미지 기법으로 읽게 하면 훨씬 자세하게, 오랫동안 기억한다. 즉 이미지 기법으로 인하여 망각의 곡선이 둔화되는 것이다.

일반적으로 기억의 양이 풍부한 사람일수록 질문의 양도 풍부하다는 연구가 있다. 극단적인 예로 치매환자들은 질문을 하지 않는다. 궁금한 것이 없고, 알고 싶은 것이 없기 때문인데, 이 궁금증과 알고 싶은 욕구는 자신이 가지고 있는 기억의 용량에 비례한다고 한다.

아이의 기억력을 강화하여 질문지능을 높이는 방법으로 다음의 것들이 있다.

첫째, 오감을 자극하는 질문으로 기억력을 강화한다. 책 속의 장면을 머릿속에 그린다고 누구나 똑같은 효과를 얻는 것은 아니다. 시각, 청각, 후각, 미각, 촉각 등 오감의 강약에 따라 효과가 다르다. 생생하게 기억하느냐, 희미하게 기억하느냐에 따라 기억의 강도와 내용, 망각의 속도가 달라진다. 기억력과 오감은 불가분의 관계에 있기 때문이다.

어린이의 기억 발달은 장소, 그림 등 이미지를 수반한 시각기억이 가장 먼저 발달하고, 그 다음에는 냄새를 통한 후각기억과 운율을 수반한 리듬기억 순으로 발달한다. 그래서 어린이의 장기기억을 자극할 때는 이 세 가지를 이용하는 것이 좋다. 예를 들어 동화나 위인전, 역사소설 등을 읽고서 기억 나는 장면이나 중요한 장면을 그림으로 그려보기, 소리를 흉내 내기, 냄새를 되살리기 등의 질문을 하면 단순한 그림이 아니라 흡사 영화와 같은 이미지로 기억이 형성된다. 이런 오감을 통한 기억은 장기기억 속으로 들어가 잊히지 않는 기억으로 남는다.

둘째, 자신의 경험과 연관지어 읽게 하면 기억력이 강화된다. 기억의 내용은 사실 그대로가 아니라, 자신의 경험을 활용하여 해석한 내용이다. 그리고 두뇌에서 인출할 때도 저장된 기억 그대로가 아니라 사용할 당시의 상황이나 심리상태에 따라 다르게 인출된다. 그래서 '기억은 사실의 복사본이 아니라 내가 해석한 사실' 혹은 '현재화된 과거'라고 정의되기도 한다.

기억력의 높고 낮음이나 기억하는 내용의 구체성은 그 사람이 소유한 경험의 질과 양에 지배를 받는다. 예를 들어 독서나 세상일에 경험이 부족한 사람은 어떤 사실을 보고 기억할 때 대충, 희미하게 기억하는 경향이 있다. 반면에 경험이 풍부한 사람은 더 뚜렷하고 생생하게 기억한다. 또 일반적으로 놀란 일, 분노한 일, 슬픈 일, 기쁜 일 등 강한 자극을 받았던 경험을 더 뚜렷하게 기억한다.

셋째, 잠들기 전에 듣거나 읽은 이야기는 기억에 오래 남는다.

장기기억이 가장 활발하게 작동하는 시간은 잠자기 직전이다. 일기를 쓰면 기억에 오래 남는다는 것도 이런 이론에 근거한 현상이다. 또 시험 전날 공부를 다하고 자려다가 친구에게 전화를 걸어 오랫동안 이야기를 나누면 다음날 시험을 망칠 확률이 크다. 일단 친구와 전화를 먼저 한 다음에, 잠자리에 들기 전에 공부한 것을 다시 한번 훑어보면 장기기억에 쏙 들어가 다음날 시험을 잘 보게 된다.

'굿나잇 스토리'나 '베드타임 스토리' 같은 잠들기 전에 읽어주는 이야기 모음집도 있는데, 이런 책을 읽고 잠들면 장기기억 속으로 잘 들어간다. 어린 시절에 이런 경험을 자주 한 아이는 장기기억이 튼튼해진다.

넷째, 아이에게 읽고 정리할 시간을 주어야 장기기억 속으로 들어간다. 눈이나 귀로 들어온 책의 내용은 어떤 이미지나 줄거리로 만들어져 두뇌에 저장되려면 약간의 시간이 필요하다. 그래서 책을 읽어주고 나서 바로 무슨 이야기인지 질문하는 것은 무리한 활동이다. 그리고 이런 질문을 받으면 아이의 두뇌가 스트레스를 받아 대답하기가 싫어진다. 그래서 엄마가 아이와 책을 읽고 이야기를 나누려면 10~15분 정도 기억을 정리할 시간을 주고 나서 질문하는 것이 좋다.

다섯째, 기억하기 좋은 책은 따로 있다. 우리가 어떤 책의 내용은 잘 기억하지만 어떤 책의 내용은 기억하지 못할 때가 있다. 왜 동일한 기억력을 가진 사람에게 이런 현상이 일어나는 것일까? 책도 기억하기 좋은 책과 기억하기 어려운 책이 있기 때문이다. 기억력을 튼튼하게 하려면 기억하기 좋은 독서자료를 골라야 한다. 기억하기 좋은 책의 형태는 다음과 같다.

① 직렬적 이야기가 병렬적 이야기보다 기억하기 좋다.
② 자기 나라, 자기 고장 이야기는 다른 나라, 다른 고장 이야기보다 기억하기 좋다.
③ 주인공이 있는 이야기가 주인공이 없는 이야기보다 기억하기 좋다.
④ 25개월부터 남아는 남자가 주인공인 이야기를, 여아는 여자가 주인공인 이야기를 더 잘 기억한다.
⑤ 말보다는 실제로 경험했을 때, 그리고 한 번보다 두 번 경험한 내용을 더 뚜렷하게 기억한다.

06

질문에 날개를 달아주는 상상하며 읽기

우리가 책을 읽으며 울고불고 하는 것은 상상력의 작용이다. 나와 책 속의 인물은 아무 관련이 없지만, 우리는 상상력을 통해 책 속의 주인공과 이야기하고, 의견을 나누기도 하며, 슬픔과 기쁨을 맛보기도 한다. 이러한 일은 대리체험, 혹은 간접체험을 통해 일어난다.

상상력은 작가와 독자를 이어준다. 작가는 상상력을 통해 독자에게 자신이 하고 싶은 이야기를 전달하고, 독자는 자신의 상상력을 통해 작가의 생각에 동참한다.

상상력이 높은 아이들은 하나를 배우면 열을 아는 확산적 사고를 한다. 예를 들어 상상력이 높은 아이들은 '어머니'라는 글자를 배우면 '어부, 어깨, 머리, 머그잔' 등등 같은 글자가 들어간 단어를 더 쉽게 배운다. 반면에 상상력이 낮은 아이들은 확산적 사고를 할 수 없어서 하나를 배우면 '어머니' 하나만 암기하는 데 그치고 만다. 그래서 공부 잘하는 아이, 하나를 가르치면 열을 아는 아이가 되기가 어렵다. 상상력이 높은 아이들은 질문도 잘한다. 머릿속에서 구름처럼 피어오르는 생각들이 질문이 되어 쏟아져 나오기 때문이다.

상상력을 길러 질문지능을 높이는 방법에는 다음과 같은 것들이 있다.

첫째, 책 속의 장면을 생생하게 상상하며 읽게 한다. 시를 읽거나 동화책을 읽을 때 책 속의 날씨, 풍경, 냄새, 소리, 향기 등을 상상하면 더 잘 이해되고 더 재미있다. 이 원리를 이용하여 상상하며 읽기를 권하면 아이들은 자신의 오감을 작동시켜 책 속의 상황을 생생하게 상상하고, 상상에서 만난 갖가지 궁금증이 질문으로 나타난다.

둘째, 탐정처럼 읽기로 추리적 상상력을 기른다. 탐정처럼 읽기란 이미 드러난 작은 정보에 추리적 상상력을 가미하여 다른 사실을 알아내는 읽기 방법이다. 추리적 상상력이 발달한 아이들은 하나를 가르치면 둘, 셋을 깨닫는 두뇌를 소유하게 된다. 하나를 배우면 둘을 아는 능력은 그냥 길러지는 게 아니라 질문이라는 견인차가 끌어주어야 길러진다. 예를 들어 엄마가 다음과 같은 질문을 할 경우 추리적 상상력이 자란다.

① "왜 그럴까?"라는 질문으로 결과를 상상하게 한다.
② "그래서? 그다음에는?"이라는 질문으로 다음 장면을 상상하게 한다.
③ "무엇 때문에?"라는 질문으로 원인과 이유를 상상하게 한다.
④ "만약에 나라면?"이라는 질문으로 해결방법을 상상하게 한다.
⑤ "그와 반대로 한다면?"이라는 질문으로 색다른 상황을 상상하게 한다.
⑥ "생략되어 있는 말은 무엇일까?"라는 질문으로 숨어 있는 의미를 상상하게 한다.
⑦ "그렇다면?"이라는 질문으로 결론을 상상하게 한다.

셋째, '만약에'라고 가정하며 읽을 때 창의적 상상력이 발달한다. 동화책을 읽을 때 줄거리만 읽는 아이들이 있다. 줄거리만 알면 잘 읽었다고 칭찬하는 엄마들도 있다. 이런 읽기 방법은 음식을 씹지도 않고 꿀꺽 삼키는 것과 같다. 음식을 꼭꼭 씹어 먹어야 소화가 잘되듯이 책도 꼭꼭 씹어 먹어야 독서의 보람을 얻을 수 있다.

"만약에 백설공주가 예쁘지 않고 못생겼다면?"

"만약에 심청이가 공양미 300석이 아닌 400석을 받아 100석을 아버지에게 주고 갔다면 어떤 일이 벌어졌을까?"

부모가 이런 질문을 하면 아이들의 창의적 상상력이 무럭무럭 자란다. 그리고 아이들은 모방 본능을 발휘하여 "심청이가 아버지를 안과로 모시고 갔다면?" 등의 창의적인 질문을 만들 수 있게 된다.

07

힘 있는 질문을 만드는 논리적 사고력 키우기

논리적 사고란 생각의 흐름, 생각의 연결, 생각의 순서, 생각의 줄기가 조리에 맞는지를 판단하는 능력이다. 조리에 맞는 생각을 '참' 혹은 '진실'이라고 말하고, 조리에 맞지 않는 생각을 '거짓' 혹은 '오류'라고 말한다.

세상에는 두 가지 부류의 사람이 있다. 자기 생각을 가지고 사는 사람과 다른 사람들의 생각을 가지고 사는 사람이다. 앞의 사람이 자기 논리가 있는 사람이라면, 뒤의 사람은 자기 논리가 없는 사람이다. 질문이란 자기 논리를 가진 상태에서 발생한다. 남의 논리만 따라가는 사람의 두뇌는 질문을 생성하지 못한다. 그러므로 아이의 질문능력을 높이기 위해서는 자기 논리를 갖도록 도와야 한다.

그런데 자기 논리에도 두 가지가 있다. 강한 논리와 약한 논리이다. 예를 들어 셰익스피어의 희곡 《베니스의 상인》에서 샤일록이 채무의 대가로 안토니오에게서 받아내려던 '살 1파운드'는 '피 한 방울도 섞이지 않은 살 1파운드여야 한다'는 포샤의 논리를 이길 수 없어 허물어지고 만다. 법의 논리인 샤일록의 논리보다 정의의 논리인 포샤의 논리가 더 강한 논리였기 때문이다. 질문 또한 강한 논리를 기반으로 할 때 강력한 힘을 갖는다.

논리적 읽기로 아이의 질문지능을 길러주는 방법에는 다음과 같은 것들이 있다.

첫째, 아이에게 이야기 속에서 '인과응보의 법칙'을 찾게 한다. 전래동화는 인과응보의 법칙으로 구성되었다. 그래서 전래동화를 읽을 때 원인과 결과를 질문하면 아이들의 논리적 사고가 향상된다. 전래동화를 읽어주었을 때 아이가 "엄마, 심청이가 착해서 왕비가 된 거지?", "엄마, 콩쥐는 착해서 왕비가 되고, 팥쥐는 마음씨가 나빠서 벌 받은 거지?"라고 말한다면 이미 인과응보의 법칙을 발견한 것이다. 그러나 아이가 이런 질문을 하지 않아도 걱정할 필요는 없다. 엄마가 "심청이가 왕비가 된 까닭이 뭘까?"라고 질문하면 된다. 이때 아이가 "착해서"라고 말한다면 논리적 사고가 길러진 것이다.

둘째, 아이에게 이야기 속에 숨은 규칙을 발견하게 하면 논리적 사고력이 높아진다. 아득한 옛날부터 사과는 가지에서 땅으로 떨어졌지만 만유인력을 발견한 사람은 뉴턴이었고, 수많은 사람들이 목욕탕에서 목욕을 했지만 물의 부력을 발견한 사람은 아르키메데스였다. 그리고 개는 태초부터 침을 흘렸을 테지만, 개로부터 조건반사 원리를 알아낸 건 파블로프뿐이었다.

독서도 마찬가지이다. 만약에 어떤 아이가 전래동화를 읽으면서 "사건은 세 번씩 반복되는구나, 형제는 삼형제가 나오는구나, 형은 욕심꾸러기이고 동생은 착하게 나오네, 전래동화엔 왜 이런 규칙이 있는 것일까?"와 같은 질문을 한다면 그 아이는 아르키메데스처럼 논리적인 눈으로 규칙을 발견한 것이다. 이렇게 책 속에 있는 규칙을 발견하는 것은 독자에게 희열을 준다. 그 희열은 눈에 보이지 않는 것을 찾아낸 희열이다. 그것을 추상화의 희열이라고 한다.

셋째, 증거의 타당성을 따지면 논리적 사고력이 높아진다. 우리가 무엇을 주장할 때 다른 사람이 내 의견에 동조하지 않는 경우가 있다. 나는 '참'이라고 말하지만 그 사람은 참인 것을 의심하기 때문이다. 이때 증거의 방법으로 설명하면 나의 논리에 쉽게 상대를 편입시킬 수 있다. 증거란 논리를 튼튼하게 하는 중요한 요소이다. 논리적인 글을 쓰는 작가는 자신의 주장을 펼치며 자기가 참이라는 것을 증명하기 위해 증거를 댄다. 독서를 하며 작가가 댄 증거를 찾아보는 활동을 하면 논리적 사고력이 높아진다. 예를 들어 '지구가 죽어가고 있다'는 자연보호에 대한 글을 읽는다고 가정해 보자. 줄거리만 읽고 마는 읽기는 논리적 사고력 향상에 도움이 되지 않는다. 이때 엄마의 증거 찾기 질문이 필요하다. “지구가 죽어 가고 있는 증거를 찾아볼까?” 그러면 아이는 글 속에서 작가가 증거로 제시한 사실들을 찾아보고, 그것이 사실인지 아닌지를 따져본다. 이런 읽기 활동은 어린이의 두뇌를 논리적으로 만들어준다.

넷째, 대립구조 찾기는 내용을 시각화하여 논리구조를 한눈에 보여준다. 줄거리 읽기가 글의 내용을 선적구조로 시각화하는 일이라면, 대립구조 읽기는 글의 내용을 공간화시키는 작업이다. 글을 공간화시키면 글이 가지고 있는 핵심이 더 잘 보인다. 예를 들어 《흥부전》은 선과 악의 2항 대립구조로 되어 있다. 선적구조인 줄거리로 이루어져 있지만 공간화시키면 선의 공간과 악의 공간이라는 2항 대립공간이 보인다. 또 선의 상징인 흥부는 성공의 공간이 되고, 욕심과 악의 상징인 놀부는 패망, 후회의 공간이 된다. 이런 대립관계를 정리하면 이 동화의 주제는 바로 나타난다. ‘착한 사람은 복을 받고 악한 사람은 벌을 받는다’는 ‘권선징악’이다. 이처럼 대립관계를 파악하는 질문은 원인과 결과라는 논리를 발견하는 데 도움을 준다. 대립구조를 발견하게 하는 질문으로 다음과 같은 것들이 있다.

① 《콩쥐팥쥐》는 무엇과 무엇이 대립하고 있지?

답 착함-행복 : 심술-불행

② 《토끼전》은 무엇과 무엇이 대립하는 이야기이지?

답 사고력-성공 : 우직성-실패

③《톰 아저씨의 오두막》은 무엇과 무엇의 대립이지?

답 동정심 : 잔인성

④《바보 이반》은 무엇과 무엇의 대립이지?

답 양보-성공 : 욕심-실패

Tip 문학작품 속에 들어 있는 논리적인 규칙들

- 전래동화: 삼세번의 규칙, 점점 커지기의 법칙, 점점 작아지기의 법칙, 인과응보의 규칙, 권선징악의 규칙
- 탐정소설: 반전의 규칙
- 변신담: 허물 벗기의 규칙
- 우화: 빗대어 말하기의 법칙

08

고정관념에서 벗어난 질문을 만드는 비판하며 읽기

태어날 때부터 날카로운 비판적 사고를 가지고 태어나는 아기는 없다. 자라는 동안 다양한 상황을 경험하면서 또 부모와 교사가 특정한 생각이나 사람, 물건의 가치와 질을 평가하는 것을 보고 들으며 비판적 사고력이 길러진다.

누구나 자기 나름의 생각을 하며 살아간다. 하지만 되돌아보면 그 생각의 대부분은 가정이나 사회가 씌워준 고정관념이나 규칙에 사로잡힌 생각일 때가 많다. 반면에 비판적 사고력이 높은 사람은 똑바로 현실을 직시하며 살아간다. 그들은 타인의 말이나 생각을 분석하고 평가하면서, 스스로 어느 한쪽으로 기울지 않은 정당한 진실에 도달하여 합리적이고 이성적인 삶을 살아간다.

심리학자 다이언 헬펜Dian F. Halpern은 비판적 사고를 가리켜 '공포의 해독제'라고 명명하며 '진짜처럼 보이는 가짜에 직면했을 때, 그 속에 교묘하게 숨은 거짓 지식과 거짓 정보를 판별하며 꺼내 쓸 수 있는 개인적인 무기'라고 정의한다. 또 그는 '사람은 누구나 원하는 결과를 얻기 위해서 비판적 사고를 배워야 한다 (…) 인간의 생각은 원래 결함이 많은데, 많은 사람이 비판적 사고에 대한 교육 기회를 제대로 받지 못했기 때문에 공정사회, 정의사회가 되는 데 장애가 된다'고 말한다.

간혹, 자녀가 비판적인 사고를 갖는 것을 싫어하는 부모들도 있다. '모난 돌이 정 맞는다'는 속담을 인용하여 '넓은 길로 가라', 혹은 '좋은 게 좋다'는 식으로 충고한다. 그러나 비판정신이 부족한 사람들이 모인 세상은 발전이 없다. 비판정신이 풍부한 사람은 고정된 틀을 깨부술 준비가 된 인격체이다. 세상은 이런 사람들에 의해 개혁되고 발전되어 왔다.

아이의 비판적 사고를 길러 질문지능을 높이는 독서방법에는 다음과 같은 것들이 있다.

첫째, '의심하며 읽기'를 진행하면서 비판적 질문을 연습한다. 의심하며 읽기란 대다수의 사람들이 진실이라고 말하는 것을 의심하며 읽는 방법이다. 예를 들어 〈어리석은 까마귀〉라는 제목의 이솝우화를 읽을 때 부모가 다음과 같이 비판적인 사고를 내포한 질문을 해보는 것이다.

① 까마귀는 정말 어리석을까?

② 까마귀의 잘못이 있다면 그것은 무엇일까?

③ 여우는 현명한 것일까? 여우가 잘한 일은 무엇일까?

④ '어리석은 까마귀'란 제목이 이 글에 어울리다고 생각해? 더 어울리는 제목을 네가 직접 짓는다면 뭐라고 하겠니?

⑤ 만약에 여우처럼 행동하는 사람이 많아진다면 우리 사회는 어떻게 될까?

둘째, 신문과 텔레비전을 보며 비판적인 사고를 기른다. 현대는 소셜 네트워크와 모바일이 결합해 온갖 뉴스가 24시간 동안 넘쳐흐른다. 이런 뉴스를 그냥 읽고 믿는 것은 현명한 뉴스 소비자라고 말할 수 없다. 현대를 현명하게 살아가려면 가짜 뉴스와 진짜 뉴스, 소문과 사실을 구별할 수 있어야 한다. 그래야만 뉴스의 문맹에서 벗어날 수 있다. 생각이 깊고 넓은 아이로 만들고 싶은 부모라면 신문 읽기, 세상 읽기 등 우리 앞에 다가오는 세상을 의심하며 읽는 능력을 길러주어야 한다. 뉴스를 볼 때는 다음과 같은 '판단하며 읽기 활동'이 필요하다.

① 신문, TV를 보며 사실과 다른 것이 있는지 찾아본다.

② 과장되거나 한쪽으로 치우친 편견은 없는지 살펴본다.

③ 광고를 볼 때에는 광고의 속뜻을 말하게 한다.

셋째, '기자처럼 읽기'로 비판적인 질문을 연습한다. 책을 읽은 아이에게 '좋은 정도에 따라 별표를 해보라'고 시키면 서슴없이 별을 그린다. 그러나 왜 좋은지, 왜 안 좋은지에 대해 말하라고 하면 주저한다. 이러한 태도는 평소에 비판하며 읽기를 해보지 않았기 때문에 일어나는 현상이다. '기자처럼 읽기'는 비판하며 읽기의 다른 이름이다. 비판하며 읽기를 할 때에 다음과 같은 질문을 하면 아이의 평가능력이 높아진다.

① 친한 친구에게 권하고 싶니?
② 이 작가가 쓴 다른 책도 읽고 싶어?
③ 다시 한번 읽고 싶을 만큼 재미있니?
④ 책의 등장인물과 같은 사람이 세상 어딘가에 있을 것 같니?
⑤ 이런 이야기가 현실에서도 일어날 수 있을까?
⑥ 이런 아이가 있다면 친구가 되고 싶니?

09

균형 잡힌 질문으로 이끄는 판단하며 읽기

우리 삶은 판단을 요구하는 일들로 채워져 있다. '어떤 학교를 선택할 것인가', '어떤 직업을 선택할 것인가', '어떤 사람과 결혼할 것인가'처럼 판단하고 선택해야 할 일이 무궁무진하게 많다. 이때 현명한 선택을 하지 못하면 인생은 빗나가기 시작한다. 한 사람이 올바른 인생을 사느냐, 그렇지 못하느냐는 그 사람의 판단력에 좌우된다고 해도 과언이 아니다. 그런데 판단과정에는 반드시 질문이 선행된다. 좋은 판단에는 좋은 질문이 선행된다.

예를 들어 대학진학을 앞에 놓고 스스로에게 '나는 앞으로 어떤 일을 하며 살고 싶은가?'라는 질문을 할 수 있다. '내가 좋아하는 것은? 잘할 수 있는 것은? 자꾸 하고 싶은 것은?' 등과 같은 질문을 스스로에게 물어본 다음, 그에 맞는 학과를 선택한 사람은 대학생활이 즐겁고 인생도 즐겁게 전개될 것이다. 그러나 '내 점수에 맞는 학과는 어디지?'와 같은 질문을 한 다음에, 그에 맞는 학교를 선택한 사람은 학교가 괴롭고 인생도 꼬이게 될 것이다. 그래서 미국의 '바른질문연구소'의 댄 로스스타인 박사는 "균형 잡힌 판단은 균형 잡힌 질문을 필요로 하고, 균형 잡힌 질문은 균형 잡힌 사고를 요구한다"라고 말한다.

아이의 판단력을 길러 질문지능을 높이는 독서방법에는 다음과 같은 것들이 있다.

첫째, 위인전을 읽으며 위인의 판단능력을 배운다. 위인이란 운이 좋은 사람이 아니라, 올바른 판단력을 가진 사람들이다. 지구 역사상 어떤 위인도 운으로 업적을 이룬 사람은 없다. 모두가 인생의 고비마다 올바른 길을 선택했다. 그들에게 균형 잡힌 판단력이 없었다면 그들의 노력과 투지는 수포로 돌아갔을 것이다. 위인전을 읽을 때는 다음과 같은 활동을 하면 균형 잡힌 판단력을 기를 수 있다.

① 실패한 인물을 찾아 실패원인을 알아본다.
② 성공한 인물을 찾아 성공원인을 생각해본다.
③ 결론이 나오기 전에 먼저 예측하게 해본다.
④ 어려움에 처한 주인공을 보고 해결방안을 미리 마련해본다.

⑤ 만약에 내가 주인공이라면 어떤 선택을 할지 판단해본다.

둘째, '판사처럼 읽기'로 균형 잡힌 판단을 연습한다. 문학책을 보면 등장인물들이 서로 갈등하며 미워하고 사랑하는 이야기들로 꾸며져 있다. 이런 작품을 읽을 때 그냥 줄거리를 따라가는 수동적 읽기가 아니라, 옳고 그름을 판단하면서 읽는 방법이 판사처럼 읽기이다. 이런 읽기는 균형 잡힌 판단력을 길러준다. 예를 들어 빅토르 위고의《장발장》을 읽을 때 장발장이 어찌어찌했다는 스토리만 꿰며 읽기를 원한다면 따로 질문할 필요가 없다. 그러나 균형 잡힌 판단력을 길러주기 위해서는 이런 질문이 필요하다.

"장발장이 어린 조카의 허기를 채워주기 위해 빵 한 조각을 훔쳐 재판에 넘겨졌을 때, 네가 판사라면 어떤 판결을 내리겠니?"

이런 질문에 아이는 나름대로 고심하며 판결을 내릴 것이다. 이렇게 다양한 생각을 할 때 판단력이 길러진다.

셋째, 같은 주제의 다른 책을 비교하며 읽을 때 균형 잡힌 판단력이 길러진다. 영화를 보다가 "저건 미국 영화군", 혹은 "저건 독일 영화야" 하며 제작자의 국적을 알게 되는 경우가 있다. 같은 세계 제2차대전에서 소재를 가져온 영화이지만 독일인의 눈으로 봤느냐 미국인의 눈으로 봤느냐에 따라 전쟁을 그려내는 시각이 다르기 때문이다.

이와 같이 동일한 상황이나 주제에 대한 책도 저자가 다르면 주장이 다르다. 이럴 경우 한 가지 책만 읽으면 편견이 만들어지기 쉽다. 다른 시각에서 쓴 여러 책을 읽는 것이 좋다. 같은 주제의 다른 책을 비교하며 읽기는 비교에서 끝나는 것이 아니라, 아이가 두 의견을 통합하면서 자신의 생각을 만들어내는 것이 최후의 목적이다. 이 독서에 익숙해지면 책에 확실하게 쓰이지 않은 내용들까지도 스스로 발견하고 자신의 의견을 탄탄하게 다질 수 있다. 같은 주제의 다른 책을 비교하며 읽을 때는 다음과 같은 순서를 밟는 것이 좋다.

① 같은 사건을 다룬 책으로 어떤 책들이 있는지 조사한다.
② 그중에서 서로 대립되는 주장의 책을 같은 숫자로 고른다.
③ 서로 비교하며 읽고 무엇이 다른지 적는다.
④ 나는 누구의 어떤 의견에 찬성하고, 어떤 의견에 반대하는지 정리한다.
⑤ 나의 마지막 판단을 정리한다.

10

혁신적인 질문으로 이끄는
창의적으로 읽기

"만약에 빌 게이츠나 스티브 잡스가 한국에서 태어났다면?"

한때 이런 유머가 유행한 적이 있다. 사람들은 "아마 대학진학에 실패하고 공사판 노동자로 살아갈 것"이라고 대답하면서 씁쓸하게 웃었다. 우리 사회가 창의성을 키울 만한 풍토가 아직 이뤄지지 않았다는 걸 자타가 공인하고 있는 장면이다.

식물이 풍토가 맞아야 잘 자라듯이 창의력도 알맞은 풍토를 원한다. 창의력이란 인간의 두뇌 속에서 싹이 터서 사회적·문화적 맥락과 상호작용하며 자란다. 과거 100년 동안 노벨상을 수상한 사람들을 면밀히 관찰한 결과 IQ 지능이 높은 사람은 극소수였다고 한다. 또 우리가 천재라고 부르는 에디슨, 아인슈타인, 모차르트, 베토벤, 피카소도 지능은 별로 높지 않고, 학교 공부도 못하는 편이었다. 그들이 성공할 수 있었던 것은 부모와 사회가 그들의 창조적 두뇌를 포용해주었기 때문이다.

창의력은 놀거나 쉴 때 잉태되는 특징을 가지고 있다. 길거나 짧은 시간, 엄청난 몰입 후에 그것을 훌훌 내던지고 놀거나 쉬고 있을 때 홀연히 찾아오는 아이디어가 창의성일 경우가 많다. 그런 일화는 수없이 많다. 아르키메데스의 원리, 뉴턴의 만유인력의 법칙, 아인슈타인의 상대성 원리는 모두 일할 때가 아닌 놀거나 쉴 때 떠오른 생각이었다.

인지심리학자들은 놀고 쉬는 시간을 '부화의 시간', 혹은 홀연히 아이디어가 돌출하는 '조명의 시간', '섬광의 시간'이라고 부른다. 노는 시간이란 닭이 알을 품고 있는 시간처럼 창조를 잉태하는 시간인 것이다.

질문에는 어디서나 흔히 볼 수 있는 평범한 질문도 있고 사람들을 깜짝 놀라게 하는 독창적인 질문도 있다. 평범한 질문보다는 독창적인 질문이 세상을 바꾼다.

아이의 창의성을 길러 질문지능을 높이는 독서방법에는 다음과 같은 것들이 있다.

첫째, 아이와 책을 읽고 자유로운 이야기 시간을 갖는다. 브레인스토밍과 같이 자유롭게 이야기를 나누는 시간을 갖는 것은 창의성을 깨우는 기회가 된다. 브레인스토밍이란 '두뇌 폭풍'이라는 뜻으로 마치 폭풍이 일듯이 아무 생각이나 떠오르게 하는 시간이다. 이때 주의할 점은 '어떤 생각에도 부정적 평가를 내리지 않을 것'과 '실용성, 실현가능성과 같은 한계'를 두지 않는 것이다.

둘째, 글자 없는 그림책을 보고 이야기를 만들게 한다. 그림책 중에는 글자 없는 것들이 많다. 그런 그림책을 보면 난감해하는 엄마들이 있다. 엄마들이 일일이 그림책을 설명해줘야 한다고 생각하기 때문이다. 그러나 글자 없는 그림책은 엄마의 노고가 더 적게 드는 책이다. 예를 들어 류재수의 《노란 우산》은 글자 없는 그림책으로 아이들이 스스로 이야기 만들기가 쉽다. 노란 우산을 따라가며 이야기를 만들어보는 아이들은 작가가 된 듯 창작의 기쁨을 느끼게 된다. 그림책을 고를 때에는 그림 속 이야기가 풍부한 것을 고르면 좋다.

셋째, 동화책을 읽고 궁금한 것을 찾아 질문하게 한다. 읽기란 원래 창조적인 활동이다. 창조적 읽기란 책의 내용을 수동적으로 이해하지 않고 개성적으로 이해하는 읽기를 말한다. 예를 들어 전래동화 〈우렁이 색시〉를 읽은 아이에게 궁금한 것이 뭐냐고 질문을 했을 때 누구나 같은 반응을 보이는 것은 아니다. 어떤 아이들은 "궁금한 것이 없다"라고 답변한다. 그러나 어떤 아이들은 다음과 같은 질문을 한다.

① 우렁이 색시는 호화로운 용궁에서 살지, 왜 가난한 총각에게 왔을까?

② 우렁이 색시는 어떤 여행을 거쳐 총각이 사는 동네까지 올 수 있었을까?
③ 부지런한 총각과 우렁이 색시에게 어울리는 이름은 무엇일까?
④ 우렁이가 색시로 변한 것을 보고 총각은 어떤 표정을 지었을까?
⑤ 만약에 총각이 우렁이 색시의 말을 듣지 않았다면 어떻게 되었을까?
⑥ 내가 우렁이 색시를 만난다면 어떻게 할까?

궁금한 것이 없다면 아이들이 수동적 읽기, 피동적 읽기를 했기 때문이다. 반면에 창의적 읽기를 한 아이들은 궁금한 것이 많다.

넷째, 동화나 소설을 읽고 다른 이야기를 만들어보게 한다. 책과 영화를 보는 사람들은 크게 두 가지 타입이 있다. 줄거리만 읽고 만족하는 독자와 '다른 방법은 없을까?'라고 질문하며 읽는 독자이다. 예를 들어 로리 뮈라이유의 《놀기 과외》에는 공부만 열심히 하는 아이에게 놀기 과외를 시키는 이야기가 나온다. 줄거리만 읽는 두뇌에서는 '재미있는 내용'이라는 반응 이외에 다른 질문은 일어나지 않는다. 그러나 '다른 방법은 없을까?'라는 질문이 일어난 두뇌는 또 다른 과외를 생각하며 '먹기 과외', '효도 과외' 등 다양한 생각을 떠올릴 수 있다.

11

삶의 문제에 답을 주는 문제해결하며 읽기

책을 읽을 때 문제해결을 생각하며 읽는 습관이 있었던 위인이 있다. 미국의 16대 대통령 에이브러햄 링컨이다. 그는 어린 시절에 책을 읽다가 어려운 문제에 봉착한 주인공을 만나면, 어떻게 하면 주인공이 문제를 해결할 수 있을지 곰곰이 생각하는 습관이 있었다. 이 습관은 해리엇 비처 스토의 《톰 아저씨의 오두막》을 읽을 때에도 발현되었다. '흑인들이 평등하게 살려면 어떻게 해야 할까?'라는 질문이 떠올라 골똘히 생각했지만 해결책을 발견하지 못했다고 한다.

그가 49세로 미국 대통령에 당선되었을 때 미국은 흑백 문제에 휩싸였다. 흑인에게 관대한 북부와 흑인에게 혹독한 남부가 대립했을 때 링컨은 북부 편을 들었다. 전쟁이 터지자 링컨의 머릿속에 오래된 문제의 해결책이 떠올랐다.

'북부가 흑인을 군대에 받아들이면 백인만으로 구성된 남부군을 이길 수 있다. 그래서 북부가 승리하면 미국의 모든 흑인에게 자유를 준다.'

이 소식은 흑인들의 피를 끓게 했고 그들을 용감하게 싸우게 했다. 그 결과 북부는 승리했고 흑인들은 해방되었다. 세계 역사에서 가장 위대한 업적으로 칭송받는 '흑인 노예해방'은 링컨의 책 읽는 방법에서 탄생된 작품이라고 할 수 있다.

문제해결 능력을 길러 질문지능을 높이는 독서방법에는 다음과 같은 것들이 있다.

첫째, 실패담과 성공담을 읽으며 원인과 결과를 찾는다. '실패는 성공의 어머니'라고 한다. 문제해결력을 길러주려면 실패의 이야기가 필요하다. 예를 들어 이솝우화의 〈거짓말쟁이 목동〉에는 실패가 주는 교훈이 들어 있다. 이야기를 들려주고 나서 "아이가 늑대를 피할 수 없게 된 원인은 무엇일까?", "이런 일이 일어나지 않게 하려면 평소에 어떻게 해야 했을까?", "만약에 네가 목동이라면 늑대가 나타났을 때 어떻게 할 거니?"와 같은 순서로 질문하면 아이가 문제에 보다 쉽게 접근하고 해결법을 찾게 된다. 그러나 "거짓말하면 너도 이렇게 돼"라는 말은 문제해결 능력을 기르는 데 아무런 도움이 되지 않는다.

성공의 이야기를 통해서도 성공의 법칙을 배울 수 있다. 주인공이 성공하게 된 원인, 성공의 길로 가는 또 다른 길, 만약에 나라면 어떻게 할까? 등의 질문과 대답을 하는 동안 어린이의 문제해결력이 튼튼해진다.

둘째, '변호사처럼 읽기'로 질문의 깊이를 넓힌다. 변호사처럼 읽기란 작품을 읽으면서 아이가 선택한 인물의 변호사가 되어 보는 읽기 방법이다. 책 속에서 만나는 주인공들은 여러 문제에 봉착한다. 문제에 봉착한 주인공이나 혹은 주변인물의 문제를 해결하기 위해서 유능한 변호사가 되어 보는 방법이다. 《장발장》을 예로 들어보자. '장발장이 도둑으로 몰려 법정에 서게 되었을 때'를 가정하며 아이에게 장발장의 변호사가 되어 보라고 할 수 있다. 변호사처럼 읽기는 줄거리만 읽는 수동적 독서를 떠나 창의적이고 적극적인 독서로 이끈다. 그럴 때 아이의 두뇌는 변호사의 두뇌로 전환되어 문제해결 모드로 들어간다. 변호사처럼 읽기로 문제해결력을 기르는 질문을 예로 들면 다음과 같다.

① 책을 읽으면서 주변인물의 문제를 발견한다.
② 그 인물의 문제해결법을 생각한다.
③ 자기가 선택한 인물의 변호사가 되었다고 생각하고 변호할 말을 생각한다.
④ 작품 속의 인물은 왜 실패했는지, 실패원인을 알아본다.
⑤ 실패하지 않기 위해서는 어떻게 해야 했을지 생각해본다.

셋째, 고정관념을 버리면 합리적인 문제해결법이 나타난다. 고정관념은 사물이나 상황을 있는 그대로가 아닌 색안경을 끼고 보게 한다. 고정관념이라는 색안경을 끼고는 합리적인 문제해결을 할 수가 없다. 예를 들어 다섯 명의 어린이가 있는데, 피자 한 판을 주고 나누어 먹으라고 하면 어떤 결과가 나올까? 어른들은 흔히 "사이좋게 똑같이 나누어 먹어라"고 말한다. 과연 '똑같이'가 합리적인 방법일까?

다섯 명의 어린이 중에는 밥을 먹지 못해 배고픈 아이도 있을 수 있고, 금방 밥을 먹고 와서 배부른 아이도 있을 수 있다. 또, 피자를 싫어하는 아이도 있고, 살이 쪄서 피자를 먹으면 안 되는 아이도 있을 수 있다. 이러한 상황에서 다섯 조각으로 똑같이 나누어 먹는 것이 과연 합리적인 방법일까?

'피자 한 판에 다섯 아이' 하면 머릿속에 '5등분'이 떠오르는 것은 고정관념이다. 고정관념을 비판 없이 따르는 것은 합리적인 해결법이 아니다. 합리적인 방법은 다섯 명의 어린이가 처한 다양한 상황을 고려하는 방법이다.

고정관념은 항상 같은 방향으로만 생각하도록 유도하기 때문에 새로운 생각을 떠올리는 데에는 도움이 되지 않는다. 아이디어를 발생시키려면 고정관념에서 벗어나야 한다.

12

선생님처럼 읽으면 질문의 달인이 된다

'만약에 내가 시험문제를 내고, 그 문제로 우리 반이 시험을 본다면? 그러면 나는 100점을 맞을 텐데….'

시험공부를 하다가 누구나 이런 상상을 한번쯤은 해보았을 것이다. 이런 상상을 독서교육에 응용한 방법이 '선생님처럼 읽기'이다. 선생님처럼 읽기란 학생들이 꼭 알아야만 하는 핵심내용을 찾으며 읽는 것이다. 그러려면 책을 꼼꼼하게 읽어야 한다. 그런 후에는 학생들이 머리를 갸웃할 만큼 만만하지 않은 질문을 만들어야 한다. 또 교과서를 설렁설렁 읽은 학생들이 당황하도록 함축적인 질문을 만들어야 한다. 그다음에는 학생의 눈으로 시험문제를 보고 답을 써보아야 한다. 만약에 이때 답이 나오지 않거나 모호한 답이 나오면 그 문제는 쓰레기통에 버려야 한다.

질문에도 여러 가지 유형이 있다. 기억력이나 이해력을 묻는 단순한 질문이 있는가 하면, 생각이나 판단, 문제해결법을 묻는 복합적인 질문도 있다. "심청이는 왜 맹인잔치를 열었는가?"는 기억력을 묻는 질문이고, "스님의 말을 곧이곧대로 들은 심청이는 어떤 성격이었을까?"는 판단력을 묻는 질문이다. 또 "심청이가 죽지 않고도 아버지 눈을 뜨게 하는 방법을 없었을까?"는 문제해결력을 묻는 질문이다. 어떤 문제를 내느냐는 책을 얼마나 깊고 넓게 읽었느냐에 따라 달라진다.

선생님처럼 읽기로 아이를 질문의 달인으로 만드는 방법에는 다음과 같은 것들이 있다.

첫째, 책을 읽고 난 후에는 선생님의 입장이 되어 시험문제를 만들게 한다. 시험문제를 만들고 나서 답을 쓰는 친구들의 모습을 상상하면 친구들의 입장을 느끼고 이해할 수 있는 공감의 기회를 얻게 된다. 이런 공감의 기회는 더 풀기 좋은 문제, 더 좋은 문제를 내기 위한 노력으로 이어져 읽기 집중력이 생긴다.

둘째. 자신이 만든 질문에 대한 답을 써보게 한다. 질문을 만든 다음에는 학생의 눈으로 시험문제를 보고 답을 써보아야 한다. 만약에 이때 답이 나오지 않거나 모호한 답이 나오면 그 문제는 쓰레기통에 버려야 한다.

셋째, 요점 읽기로 핵심 질문을 만들게 한다. 각종 시험문제들은 중요한 요점을 질문한다. 선다형 시험문제는 중요한 요점과 중요하지 않은 것들을 섞어 놓고 중요한 요점을 고르는 방식이고, 주관식 시험문제는 학생이 요점이 들어간 글을 써내는 방식이다. 주관식 시험에서 아무리 긴 답안을 작성한다 해도 요점이 들어 있지 않으면 점수를 얻지 못한다. 요점 읽기가 능숙한 아이들은 시험문제를 미리 짐작하게 되어 학교 성적까지 높아진다.

넷째, 아이가 좋은 질문을 만들었을 때는 칭찬해준다. 좋은 질문은 응답자의 사고를 활발히 움직이게 하는 질문이다. 예를 들어 《흥부전》을 읽고 아이가 "흥부와 놀부 중 누가 더 착한 사람일까?"라는 질문과 "제비는 왜 흥부에게만 보물을 주었을까?"라는 질문을 만들 수 있다. 이때 앞의 질문은 이미 정해진 답 하나를 묻는 닫힌 질문이어서 응답자의 두뇌발달에 별 도움을 주지 못한다. 반면에 뒤의 질문은 다양한 답이 존재하는 열린 질문이어서 두뇌활동을 활발하게 촉진한다. 이런 열린 질문을 받으면 두뇌는 배경지식과 사고력을 동원하여 나름대로 가능한 답을 찾는 활동으로 들어간다. 이때 아이의 사고력 수준에 따라 답의 개수가 달라진다. 상상력과 창의력이 높은 아이들은 독특하고 다양한 답을 여러 개 만들어낸다.

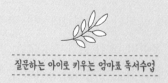

질문하는 아이로 키우는 엄마표 독서수업

3

책의 종류에 따라 다른 질문법과 타이밍

책은 저마다 하나의 커다란 질문.
독서란 책이 가지고 있는 질문을 찾아내는 활동이다.
책이 가진 질문을 찾아내고 답을 찾아내는 것이
독서의 기쁨이다

01

시와 동시
하늘의 달처럼 있는 그대로 느끼게 하는 질문법

시는 동화나 소설처럼 줄거리가 있는 것도 아니고, 역사나 과학 같은 지식도 아니다. 시는 느낌과 감각, 이미지를 전하는 예술이다. 시는 언어로 그림을 그린다. 그래서 시를 읽을 때 독자도 머릿속에 그림을 그린다. 친구와 나란히 앉아 같은 시를 읽어도 서로 다른 그림을 그린다. 독자의 상상력과 오감능력에 따라 시에서 발견하는 그림이 다르기 때문이다.

시는 사람의 말에 리듬을 실어준다. 시를 읽고 외우는 사람은 부드럽고 리드미컬한 톤으로 말하고, 시를 읽고 외우지 않는 사람들은 딱딱한 톤으로 말한다. 시가 사람의 말에 리듬을 실어주기 때문이다.

이렇듯 독특한 아름다움을 가진 시와 동시를 감상할 때에는 특별한 질문방식이 요구된다.

첫째, 아이가 감상하기 전이나 감상 중에는 질문이나 설명을 하지 않는다. 읽기 전과 읽는 중의 설명이나 질문은 작품에 선입견을 주어 어린 독자의 감성이 발휘되는 것을 막고 생각의 방향을 좌지우지한다. 특히 시를 읽기 전에 시인의 이력이나 에피소드를 알려주는 것은 어린 독자가 감상능력을 기르는 데 방해가 된다. 시 감상능력의 중요한 요소인 느낌과 분위기 파악은 선입견이 없어야 마음 놓고 발휘될 수 있다.

둘째, 시가 주는 느낌과 분위기를 아이가 온몸과 마음으로 느끼게 한다. 예를 들어 시 한 편을 소리 내어 읽게 하고, 시 속의 장면과 소리, 향기 등에 대해 질문한다. 이때 아이가 혼자 활동하게 하기보다는 부모나 형제자매도 같이하는 게 좋다. 다른 사람의 감상과 자신의 감상을 비교하는 일은 독서의 재미와 깊이를 더해준다.

셋째, 시를 읽으며 머릿속에 그림을 그리게 한다. 이때의 그림은 문자를 그림으로 변환하는 상상력의 고저에 따라 차이가 난다. 상상력이 높은 아이는 정교하고 이야기가 많이 들어 있는 풍성한 그림을 그릴 수 있지만, 상상력이 낮은 아이는 엉성한 그림을 대충 그리게 된다. 이런 회화적 상상력은 말하고 글을 쓸 때 눈에 보이는 것처럼 생생하게 쓸 수 있는 표현능력이 된다.

끝으로 절대 하지 말아야 할 일은 시어들의 사전적 의미를 알아보고, 시의 구조를 분석하는 질문을 하는 일이다. 이런 시 읽기를 가리켜 독일의 시인 하이네는 '달을 보고 짖는 개소리'라고 표현했다. 시와 동시는 하늘의 달처럼 있는 그대로 바라보고 감상하는 것이 좋다.

그런데 그동안의 우리나라 교과서와 참고서들은 시를 낱낱이 분석하고 해부하여 단어와 문장의 의미를 질문하는 수업을 진행해 왔다. 이런 잘못된 시 교육으로 인해 '시는 어렵다'는 생각이 널리 퍼지게 된 것 같다. 시는 하늘의 달처럼, 정원의 꽃처럼 그대로 보고 느끼는 것이 가장 좋은 감상법이다.

02

그림책
창작의 기쁨을 알게 하는 질문법

그림책의 주연은 그림이고, 단어와 문장은 조연이다. 이야기를 이끌어가는 것도 그림이고, 감동과 느낌을 주는 것도 그림이다. 그러나 그림은 말을 하지 않는다. 고즈넉이 존재하는 자연처럼 독자에게 미소 지을 뿐이다.

그림책은 언어적 추측게임이 가장 활발하게 일어나는 책이다. 그림책을 펴고 그림에 눈이 가는 순간부터 독자의 두뇌는 상상하고, 추리하고, 판단하면서 줄거리를 만들기 시작한다. 이때 독자들이 만든 이야기는 각각 다르다. 상상력이 풍부할수록 이야기가 재미있고 구성이 복잡하다.

그림책을 읽고 이야기를 만드는 활동, 이것이 아이들에게 무한

한 기쁨을 선사한다. 이런 이치로 그림책을 펴고 글자부터 먼저 읽는 것은 그림책을 보는 올곧은 방법이 아니다. 그림 속에서 이야기를 꺼내는 것이 바른 방법이다.

글자를 모르는 어린 독자와 그림책을 읽을 때에는 다음과 같이 질문의 타이밍을 지키는 것이 좋다.

첫째, 그림책 표지를 보고 책 속에서 펼쳐질 이야기를 짐작하게 한다. 아이가 상상한 것을 말할 때까지 기다렸다가 "정말 무슨 이야기가 있는지 알아보자"라고 말하며 책 표지를 넘긴다.

둘째, 그림책을 한 장 한 장 넘기며 펼침 페이지 속에 들어 있는 내용을 이야기로 바꾸게 한다.

"이 그림 속에는 어떤 이야기가 들어 있을까?"

그림책을 펴고 엄마가 대뜸 읽어주기보다는 이렇게 슬쩍 운을 뗀다. 문해능력이 없는 아이에게 엄마가 일방적으로 읽어주는 그림책은 주입식 교육과 같아서 소화가 안 되고, 재미도 없고, 기억에도 남지 않는다.

셋째, 마지막 페이지까지 이야기를 찾아본 후에는 각 장면에서 찾은 단편적인 이야기를 모아 스토리를 만들게 한다.

넷째, 아이의 이야기 만들기가 끝나면 엄마가 그림책을 읽어준다.

"이제 작가 선생님이 만든 이야기를 알아볼까?"

엄마가 그림책에 쓰인 글자를 읽기 시작하면 아이의 두뇌 속에서는 자신이 만든 이야기와 작가가 만든 이야기가 섞이면서 새로운 이야기가 만들어진다. 이 과정은 글쓰기에서 보충하기 단계가 된다. 이렇게 해서 그림책의 줄거리가 완성된다.

다섯째, 아이가 만든 스토리를 전한다. 그림책을 읽고 아이가 만든 이야기를 아빠나 할머니 등 다른 사람에게 전하는 활동은 창작의 기쁨을 다시 한번 느끼며 자존감을 맛보게 한다. 이때 누구에게 전할지는 아이 마음대로 정하게 한다. 자신이 만든 스토리를 남에게 들려준 아이와 혼자만 간직하는 아이의 독후 효과는 다르다. 자신이 만든 이야기를 남에게 들려준 아이는 창작의 기쁨이 배가 되고, '반추의 법칙'에 따라 기억 속에 오랫동안 저장된다. 이 기쁨을 맛본 아이들은 그림책의 포로가 된다.

마지막으로, 책장을 넘길 때 아이가 "이건 뭐야? 저건 뭐야?"라고 질문할 경우 두 가지 대처 방법이 있다. 처음 보는 물건의 이름이나 용도처럼 내용 이해에 도움이 되는 질문에는 바로 대답을 해주고, 원인이나 이유, 결과와 같은 스토리의 구조를 묻는 질문에는 답을 잠깐 미룬다. 그래야 아이의 집중력을 끝까지 유지할 수 있다.

"글쎄, 끝까지 읽어보자. 무슨 이야기가 나오는지."

아이의 질문에 엄마가 이렇게 대답하면 아이들의 독서 몰입도가 높아진다.

03

전래동화
인생의 원리와 지혜를 깨닫게 하는 질문법

전래동화는 구전으로 내려온 인류 공동의 재산이다. 전래동화에는 인간이 살아가는 동안 만나게 되는 삶의 문제와 해결법이 들어 있다. 어떻게 사는 것이 잘 사는 방법인가의 비밀, 특히 성공한 삶을 살아가는 데 필요한 지혜가 들어 있어서 어린이 교육의 보고로 평가받고 있다.

이런 전래동화는 잠들기 전에 베드타임 동화로, 공부하다가 지루할 때 심심풀이로, 자투리 시간이 날 때, 분위기 전환이 필요할 때, 교훈을 가르치고 싶을 때, 여행할 때에 읽기 좋은 글이다.

모든 전래동화는 탐색의 과정으로 진행된다. 어디에 성공과 행복을 가져다줄 보물이 있는지, 어떻게 해야 그것을 찾을 수 있는지도 모르면서 끝없이 찾아 헤매는 이야기이다. 전래동화의 주인공들은 세 단계의 함정을 만나게 된다. 첫 번째 함정은 목마름이나 배고픔으로 상징되는 입의 욕구이고, 두 번째 함정은 아름다운 미인으로 상징되는 성욕에 대한 함정이다. 세 번째 함정은 수수께끼의 형태로 나타난다. 대개 주인공이 아이디어를 내서 국가와 사회의 위기를 모면하는 형태로 진행된다.

전래동화에 나타나는 이 세 가지 함정을 현대적으로 해석하면 '물질에 대한 시험', '성욕에 대한 시험', '창의적 문제해결력에 대한 시험'으로 볼 수 있다. 전래동화의 주인공은 이 세 가지 시험을 통과한 후에 성공과 행복의 상태에 이른다.

전래동화의 이와 같은 구성은 인생 원리의 축소판이다. 가끔 신문지상을 장식하는 뇌물 사건, 부정부패 사건은 첫 번째 함정인 물질의 유혹을 이겨내지 못한 사람들의 불행이며, 유명인사들을 하루아침에 몰락시키는 섹스 스캔들은 두 번째 함정인 성의 유혹을 뛰어넘지 못한 경우이다.

이 두 함정을 통과하더라도 세 번째 함정인 문제해결 과정에서 실패하는 경우가 많다. 변화하는 사회에 대응하기, 수시로 해야 하는 선택과 판단, 자기 주도적으로 문제를 해결해야 하는 인생에서 성공하려면 창의적 문제해결 능력이 필요하다. 이 세 개의 함정을 무사히 건너는 법을 어린 시절에 가르쳐주는 것이 전래동화이다.

이와 같은 전래동화를 읽을 때는 다음과 같은 질문이 필요하다.

첫째, 아이에게 옛날의 상황과 현대의 상황을 비교하는 질문을 한다. 전래동화의 배경은 현재와 매우 다르다. 시대적으로 다름을 알아야만 오늘날과 다른 풍습이나 제도 등을 이해하고 이야기를 이해할 수 있다.

둘째, 반복되는 장면을 찾게 한다. 전래동화는 어떤 생각이나 가치를 강조하기 위해 반복적인 대화나 장면이 나온다. 이것을 찾아내는 것은 주제에 접근하는 방식이다. 예를 들어 《해님 달님》에서는 한 고개 넘어서, 두 고개 넘어서, 세 고개 넘어서와 같이 고개를 넘는 장면이 반복된다. 또 고개를 넘을 때마다 호랑이가 불쌍한 엄마에게 "○○만 주면 안 잡아 먹지"를 반복한다. 이런 반복어구를 찾는 것은 동화의 줄거리를 꿸 때 도움을 준다.

셋째, 이야기의 대립구조를 찾게 한다. 전래동화는 대립구조를 갖는다. 인물의 대립, 원인과 결과의 대립이다. 전래동화에서 이것을 찾지 못하면 주제에 다가갈 수 없다. 무엇과 무엇이 대립되고 있는지를 찾게 한다. 예를 들어 《흥부전》이 너그러움과 욕심의 대립이라면, 《콩쥐팥쥐》는 착함과 악함의 대립이다.

넷째, 이야기에서 점층구조를 발견하게 한다. 전래동화에는 점점 많아지기, 혹은 점점 작아지기 구조가 들어 있다. 예를 들어 《좁쌀 한 톨로 장가가기》라는 전래동화를 보면 맨 처음에 총각이 과거를 보러 길을 나설 때만 해도 가진 것은 좁쌀 한 톨이었다. 한양까지 가며 한 톨의 좁쌀로 물물교환을 해가며 점점 많은 것을 갖게 된다. 이런 점층구조를 발견하는 것은 전래동화 읽기의 큰 재미이다.

다섯째, 아이의 입장에서 생각하는 것을 돕는 질문을 한다. "만약에 나라면 어떻게 했을까?"와 같이 아이 자신의 입장에서 생각하면 주인공의 심정과 판단을 더 잘 이해하게 된다.

여섯째, 결말을 다시 만드는 질문을 한다. 이야기의 결말을 다시 만들 때 더 그럴듯하게, 더 재미있게, 더 아슬아슬하게 꾸미는 아이들이 있다. 이야기 줄거리에 작은 이야기를 보태서 재미있게 꾸미기도 한다. 이런 아이들은 이야기 만드는 솜씨가 좋다. 이런 아이들이 쓴 글은 창의적이고, 재미있다.

일곱째, 주인공의 성공과 실패의 원인을 알아보는 질문을 한다. 전래동화를 읽고 줄거리만 추리는 것은 의미가 없다. 전래동화는 주인공의 성공과 실패 원인을 찾아내는 것이 중요하다.

여덟째, 대답의 타이밍을 조절하는 일이다. 어린 독자들은 전래동화를 읽으며 많은 질문을 한다. 그중 가장 많은 질문은 낯선 사물에 대한 질문이다. 예를 들어 소쿠리, 지게, 이무기 등등 처음 듣는 물건이나 단어에 대한 질문이 많다. 이런 질문에는 바로 대답해준다. 모르고 계속 읽으면 내용 이해에 지장이 생기기 때문이다. 그러나 "그래서 어떻게 되었어요?"와 같이 줄거리에 대한 질문에는 바로 답변하기보다는 "끝까지 읽어보면 알게 될 거야"라고 말해줌으로써 끝까지 집중하는 습관을 길러준다.

04

만화
글쓰기의 기쁨을 알게 하는 질문법

만화란 인간의 꿈을 스케치하여 시각화한 예술이다. 하늘을 날고 싶다는 인간의 꿈이 비행기를 만들었는데, 그 꿈은 처음에 만화로 표현되었다. 만화는 즉각적이고 시각적인 즐거움을 주는 편리함 때문에 많은 사람들이 애용하고 있다. 특히 문자 읽기에 서툰 어린이나 문자 읽기를 싫어하는 사람들에게 인기가 높다.

동화와 만화는 줄거리를 전한다는 데에는 다를 것이 없지만, 두뇌가 받아들이는 방법은 매우 다르다. 동화책에서는 '계백장군은 번쩍이는 갑옷을 입고 늠름한 걸음걸이로 준마에 올라 적진을 향해 쏜살같이 달려갔다'는 열두 개의 단어로 구성된 문장으로 계백장군의 모습이 표현되지만, 만화에서는 '씽-'이라는 의성어 하나로 표현된다. 또 동화책에서는 '백제의 군사들이 분기탱천하여 황산벌로 달려 나갔다'로 표현될 때, 만화책은 '와! 와!'로 처리된다. 또 동화책은 '계백장군은 장렬하게 전사했다'로 장군의 최후를 기술하지만, 만화책은 '윽-'이라는 의성어 하나로 처리된다.

이와 같이 동화책을 읽는 것과 만화책을 읽는 것은 아이들에게 제공하는 기능이 다르다. 만화독서를 할 때에는 문자독서를 할 때보다 어휘학습의 기회가 줄어든다. 양적인 손실뿐 아니라 질적인 손실도 크다. '씽, 와와, 윽'보다는 '늠름한 걸음, 준마, 분기탱천, 장렬한 전사' 등이 더 고급어휘이며, 독서나 글쓰기에 더 유용한 도구가 된다.

상상력을 발휘하는 정도도 다르다. 책으로 된 《그리스 로마 신화》에는 '아프로디테는 야릇한 미소를 지었습니다'라는 문장이 나온다. 이 문장을 읽을 때 아이들은 야릇한 미소를 상상하고, 스스로 짓기도 한다. 그러나 만화로 읽을 때에는 야릇한 미소를 짓는 여인의 그림이 제시되기 때문에 아이들은 야릇한 미소를 별도로 상상하거나 짓지 않는다. 만화 속 그림을 보고 내용을 이해하는 데 도움을 받을 뿐, 상상의 과정은 일어나지 않는다.

이런 만화독서를 장기적으로 진행할 경우에 독자가 상상할 기회는 줄어든다. 상상력 향상에 문제가 발생하고 끊임없이 상상하며 읽어야 하는 독서가 어려워진다. 즉, 그림의 도움 없이는 독서가 불가능한 초급독자에 계속 머물 수밖에 없게 되는 것이다.

그래서 어린 시절에 만화독서에 오랫동안 머물면 심사숙고보다 즉각적인 사고와 행동을 선호하고, 일상에서 생각이나 행동을 얼렁뚱땅하게 되고, 삶이 힘들고 만화처럼 풀리지 않을 때 쉽게 절망한다는 연구결과도 있다.

이런 만화의 단점을 장점으로 바꾸는 읽기와 질문방법이 있다. 만화의 교육적 단점을 장점으로 바꾸는 질문이다.

첫째, 의성어와 의태어를 단어와 문장으로 바꾸게 한다. 예를 들어 만화에 나오는 '씽'이라는 의성어를 단어와 문장으로 바꾸게 하면 아이들은 다음과 같은 문장으로 표현한다. "장군이 활을 당기자 화살이 적진을 향하여 날카로운 소리를 내며 빠르게 날아갔습니다."

만화에는 '헉, 으윽, 쓱삭, 후루룩, 쿵쿵, 저벅저벅' 등의 의성어가 많이 나온다. 이런 장면을 보고 그냥 넘어가게 하지 말고, 그 장면을 자세하고 생생한 이야기로 만들어보게 한 뒤에, 그 이야기를 다시 글로 쓰게 해보자. 처음부터 자료를 모으고 구상하여 쓰는 글쓰기보다, 만화 줄거리에 의지하여 쓰는 글쓰기는 한결 쉽고 재미있다. 그래서 만화를 글로 쓰게 해보면 "글쓰기는 식은 죽 먹기야"라고 말하는 아이들이 많다.

둘째, 만화를 동화로 만들어보는 활동을 한다. 만화를 다 읽고 나서 그 이야기를 한 편의 동화로 만들어보게 한다. 이런 활동을 통하여 어린이들은 글쓰기가 쉽고 재미있는 활동이라는 것을 느끼게 되면서 한 편의 이야기를 만들었다는 기쁨까지 경험한다. 일종의 창작의 기쁨이다. 창작의 기쁨을 맛본 아이는 더 이상 글쓰기가 두렵지 않다. 즐거운 것은 자꾸 하게 되고, 자꾸 하는 것은 잘하게 되는 원리에 의해 글쓰기 실력이 늘어난다.

05

창작동화와 소설 경험부자로 만드는 질문법

세상에 존재하는 책들을 크게 두 가지로 나누어볼 수 있다. 지식의 책과 기쁨의 책이 그것이다. 지식의 책이 교과서, 사전, 실용서라면 기쁨의 책은 문학책이다. 지식의 책이 사실을 추구하는 책이라면, 문학책은 진실을 추구하는 책이다. 사실을 위한 책과 진실을 위한 책. 이 기준이 비문학과 문학을 구분한다.

문학 중에서도 창작동화와 소설은 인생의 모습을 가장 구체적으로 보여준다. 인생의 모습을 있는 그대로 보여주는 것이 아니라 '있을 법한 세계' 속에 단단한 진실을 넣어 보여줌으로써, 인생의 진실이 무엇인지 깨닫게 해준다. 창작동화가 어린이에게 인생을 가르쳐주는 문학이라면, 소설은 청소년과 어른에게 인생을 가르쳐주는 문학이다. 그래서 창작동화와 소설을 읽을 때의 질문은 실제 우리의 삶과 관련 있는 것이 좋다.

창작동화와 소설을 읽을 때에 질문법과 타이밍은 다음과 같다.

첫째, 읽기 전에 아이에게 사전지식을 알려주거나 질문하지 않는다. 사전지식은 작품에 선입견을 주는 방법이고, 사전 질문은 감상의 방향을 질문자의 의도대로 끌고 가는 방법이다. 두 가지 모두 문학작품 읽기의 기쁨과 감동을 절감시킨다.

둘째, 집중하여 단번에 읽게 한다. 책이라는 바다에 손이나 발만 담그고 두뇌는 다른 것을 생각하면 기쁨도 감동도 얻지 못한다. 몰입해서 읽어야 기쁨과 감동이 찾아온다. 읽다가 쉬거나, 접어놓고 며칠 있다가 다시 읽으면 이야기의 흐름을 놓치고 기쁨과 감동도 줄어든다.

셋째, 이성보다 감성으로 읽게 한다. 이성은 사실인지 아닌지, 옳은 일인지 그른 일인지를 따지라고 속삭인다. 창작동화와 소설은 이성의 눈을 번뜩이는 도덕교사처럼 읽지 말고, 감성의 안경을 쓰고 읽어야 한다. 감성은 좋고 싫음, 아름다움과 추함을 추구한다. 감성은 주관적이고, 철저히 개인적이다. 기쁨이나 감동은 객관적으로, 혹은 단체적으로 오지 않는다. 주관적이고 개인적으로 온다. 이것을 놓치지 말아야 한다.

지식의 책을 읽을 때는 먹이를 잡는 새처럼 끊임없이 경계하고, 비교하며, 분석하고, 객관적으로 읽어야 한다. 우리가 알려고 하는 것이 지식의 알맹이이기 때문이다. 그러나 문학책을 읽을 때에는 이성이라는 무장을 해제하고 책이 자신에게 어떤 영향을 끼칠 수 있도록 내버려 두어야 한다. 즉, 그 책을 향해 우리 자신을 열어야 한다.

넷째, 아이가 주인공과 동일시를 경험하며 읽도록 돕는다. 독서할 때 독자가 가장 먼저 만나는 것은 인물이다. 스토리는 책의 반 정도는 읽어야 만나고, 주제도 다 읽은 후에야 만나게 되지만, 인물은 처음부터 만난다. 그 작품을 끝까지 읽어나갈 힘을 주는 것도 인물이다. 이때 인물과 동일시가 일어나지 않으면 책 읽기의 기쁨은 줄어든다. 예를 들어 등장인물이 성공하면 우리도 기쁜데 그 이유는 인물에 대한 동일시가 이뤄졌기 때문이다. 이런 기쁨이 책을 끝까지 읽을 수 있는 힘을 준다.

다섯째, 상상하며 읽게 한다. 작가와 독자를 이어주는 것은 상상력이다. 독자는 상상력을 통해 작가의 생각을 읽어낸다. 상상력이 낮은 독자와 높은 독자는 문학에서 얻어내는 내용의 질과 양이 다르다. 작가는 작품의 주제를 설명하지 않는다. 사건과 대화와 인물의 성격을 통해 문맥상으로 암시할 뿐이다. 여기서 독자가 상상력을 발휘하여 그것을 알아내는 것이 문학 읽기이다. 문학은 상상력으로 창조되고, 상상력으로 전달되는 상상력의 책이다.

06

우화
비유와 상징의 해석을 돕는 질문법

《이솝우화》는 1896년 조선의 학부에서 편찬한 우리나라 최초의 신식교과서인 《신정심상소학新訂尋常小學》에 '이솝이약이'라는 이름으로 처음 소개되었다. 그 이후 120여 년 동안 교과서와 어린이 도서에 단골 소재가 되면서 우리나라 어린이의 가치관 형성에 막대한 영향을 끼쳤다.

우화는 원래 고도의 상징성이라는 외피를 걸치고 있어서 어린이들이 이해하기에는 어려운 글이다. 그러나 현재 우리나라에는 우화 400여 편이 어린이 교육용 읽을거리로 사용되고 있다. 우화가 교육용 읽을거리로 애용되는 데에는 그만한 이유가 있다. 우선 짧은 형식 속에 들어 있는 단단한 주제 때문이다. 가장 짧은 시간에 가장 큰 주제를 아이들에게 가르칠 수 있는 형식의 글이기 때문에 지면이 한정된 교과서의 단골손님이 되었다.

우리나라에서 출간된 우화집은 3~4세용에서 어른용까지 있다. 나는 1983년에 〈이솝우화가 한국문학에 끼친 영향 연구(새국어교육 통권45호)〉를 통해 이솝우화가 유아나 초등학교 저학년 읽을거리로서 적당하지 않다고 주장했다. 우화가 가진 고도의 상징성 때문이다. 언어발달 단계에서 볼 때 3~4세는 상징이나 함축을 이해하지 못하는 유아기이다. 유아들은 아직 구체적 조작기에 있다. 눈에 보이고 만질 수 있는 구체적인 사물을 지칭하는 구체적인 언어만을 이해할 수 있는 시기이다. 그런 이유로 유아와 초등학교 저학년 어린이들은 우화의 상징이나 함축적 의미를 이해하기는 어렵다. 상징이나 함축의 이해는 독서능력이 정상적으로 발달한 10세 이후에나 가능하다.

이렇듯 고도의 비유와 상징성을 지닌 우화를 읽을 때에는 특별한 질문방식을 동원해야 한다.

첫째, 들려주는 이야기와 비슷한 상황을 현실에서 찾아보게 한다. 예를 들어《욕심쟁이 개》를 읽을 때는 다음과 같은 질문이 필요하다.

"사람도 욕심쟁이 개처럼 다른 사람의 것을 탐낼 수 있겠지?"

그러면 아이들은 개를 사람세계로 초대하여 그와 비슷한 예를 찾아낸다. 이것은 추상적인 상황을 구체적인 현실로 끌어내리는 활동이다. 이런 활동은 추상적인 이야기를 이해하는 데 많은 도움을 준다.

둘째, 우화 속에 나오는 각 동물과 비슷한 현실 속의 인물을 찾아보게 한다.

"욕심쟁이 개처럼 남의 것을 탐내는 사람은 누구일까?"

이런 질문을 하면 아이들은 우선 자신을 생각해보고, 다음에 그런 일이 잦았던 친구를 생각한다. 그리고 가장 자주 그런 일을 벌인 사람의 이름을 말한다.

마지막으로 주제를 묻는다. 예를 들어 "무슨 이야기니" 혹은 "작가가 하고 싶은 이야기를 한마디로 말한다면" 등등 주제를 묻는 질문을 한다. 이때 길게, 혹은 핵심이 빠진 이야기나 엉뚱한 이야기를 한다면 아직 우화를 읽을 독서능력이 준비되지 못한 어린이다.

가령 이솝우화인 《욕심쟁이 개》를 초등학교 1학년 아이들에게 읽힌 다음 중심 생각을 물어보면 다음과 같은 대답이 나온다.

"먹을 건 집에서 먹어야 해요. 길에서 먹으면 안 돼요."

"고기를 먹을 때는 다른 개를 쳐다보면 안 돼요."

"개울에 떨어뜨리면 안 돼요."

이런 경우 독서능력을 더 기른 다음에 우화를 읽게 해야 한다. 잘못 이해한 우화는 가치관에 혼란을 주어 오히려 독이 된다.

07

위인전
자아를 성장시키는 질문법

모든 어린이 책은 성장의 이야기인 이니세이션 스토리Initiation story의 성격을 갖는다. 그중 위인전은 가장 강력한 이니세이션 스토리이다. 일반적으로 위인전은 분리—시련—입공—귀향의 4단계로 구성된다. 미성숙한 아이가 안전한 삶의 둥지를 떠나 생명의 위협을 받으며, 갖은 시련 속에서 적과 용감히 싸워 큰 공을 세우고 금의환향하는 골격을 기본으로 한다. 이때 처음부터 주인공인 어린이가 비범하면 비범할수록 위인전의 효과는 절감된다. 반대로 보통 아이이거나, 보통 이하의 열등한 아이가 성공하는 이야기는 어린 독자의 감동을 더 강화한다.

위인전의 이런 특징을 생각할 때, 한국의 위인전은 '신동 위인전'이라는 문제점을 가지고 있다. 모두가 빛나는 가문, 뛰어난 외모, 영특한 두뇌를 가진 아이가 성공하는 이야기들로 꾸며져 있기 때문이다. 강감찬 장군처럼 못생긴 아이, 한석봉처럼 가난한 집 아이가 성공하는 이야기도 있긴 하지만, 반드시 몰락한 양반의 자손이라는 단서가 붙어 있다.

이런 신동 위인전은 어린 독자들에게 성공의 예감보다 좌절감을 먼저 가르쳐줄 확률이 크다. 금수저가 아닌 아이, 천재나 신동이 아닌 아이, 미남미녀가 아닌 아이들에게는 좌절과 열등감을 주어 일찍부터 꿈을 포기하게 만든다. 또 부잣집 아이나 공부 잘하는 아이들에게도 그런 조건을 상실했을 때 쉽게 포기하도록 만들 수도 있다.

청소년들이 대학입시에서 떨어져 극단적 선택을 하고 꿈을 잃고 방황하는 등 우리 사회의 청소년 사건들이 신동 위인전과 관계있는 것은 아닌가 하는 생각이 든다.

반면에 서구의 위인전은 보통 아이나 낙제생들이 성공하는 이야기가 많다. 못생기고 가난한 링컨과 안데르센, 학교 성적이 좋지 않아 퇴학을 당해야 했던 에디슨, 담임선생님이 학적부에 '이 학생은 어떤 방면에서도 성공할 가망이 보이지 않음'이라고 적었던 열등아 아인슈타인, 가난뱅이 카네기 등 수많은 위인들이 가난하고 못생긴 열등아로 그려져 있다.

어린 독자들은 자신과 비슷하거나 아니면 자기보다 열등한 아이가 성공하는 이야기에서 용기를 얻게 된다는 아동 심리학적 관점에서 볼 때 신동 위인전은 바람직하지 않다.

위인전의 이런 특성을 고려할 때 아이들의 위인전 독서에는 독특한 질문방식이 요구된다.

첫째, 아이에게 주인공이 살던 시대는 어떤 시대인지 알아보게 하는 질문을 한다. 주인공이 살던 시대를 이해하는 것이 주인공을 이해하는 첫 번째 관문이다. 그가 살던 시대를 이해하지 못하고서 그를 이해할 수 없다. 예를 들어 링컨의 전기문을 읽을 때 흑인 노예제도가 시행되었던 1,800년대의 미국의 상황을 파악하지 못하고는 링컨의 위대함을 알 수가 없다. 이처럼 주인공이 살던 시대를 충분히 이해시키는 질문을 하고 대화하는 활동이 필요하다.

둘째, 위인이 될 수 있었던 성장의 동인을 찾는 질문을 한다. 위인전을 읽을 때 줄거리 읽기에 그친다면 아이들의 성장에 큰 도움이 되지 않는다. 평범한 아이가 어떻게 위인이 되었는지에 관한 모티브를 발견해야 한다. 예를 들면 '세종대왕'에 관한 전기문을 읽을 때, 한글을 만들었다는 사실보다는 '왜 한글을 만들겠다고 생각했는지'를 읽어내야 한다. 또 '이순신'에 관한 전기문을 읽을 때는 이순신 장군이 거북선을 만들었다는 사실보다는 '왜 거북선을 만들어야 했는지'를 알아내는 것이 중요하다. 이런 모티브는 줄거리에는 나와 있지 않다. 독자의 사고력을 동원하여 찾아내야 한다. 그리고 찾아낸 결과는 독자마다 다르다. 이 성장의 동인 찾기가 위인전과 전기 읽기의 가장 중요한 핵심이다.

셋째, 아이에게 "네가 위인이 되려면 어떤 점을 고쳐야 할까"라고 질문한다. 위인전 읽기가 위인의 인생 줄거리를 아는 것에 그쳐서는 아무 소용이 없다. 그 책이 어린 독자의 삶에 가치 있는 영향을 끼쳐야 좋은 책이다. 위인전을 어린 독자의 삶에 깊숙이 영향을 끼치게 하려면 자신에게 대입해 보는 질문이 필요하다. 이런 질문은 자신을 돌아보고 위인으로 다가가는 아이를 만드는 초석이 된다.

08

역사서 통찰력을 키워주는 질문법

역사를 다룬 문학이나 영화의 가치는 과거의 세계를 오늘의 세계 속에 재현하는 데 있다. 재현된 역사를 통하여 독자들은 과거의 사람들도 슬픔과 희망이 있었고, 모험할 것과 절망할 것이 있었으며, 우리와 똑같은 삶을 살았다는 것을 알게 된다. 그리고 오래전 이들의 삶과 지금 우리의 삶이 서로 이어져 있다는 것을 알게 된다.

이런 자각은 어린이들로 하여금 자신은 역사의 흐름 속에 있는 한 존재이며, 사회와 국가의 한 분자임을 각성하게 한다. 아놀드 토인비Arnold Toynbee의 "인류에게 있어 가장 큰 비극은 지나간 역사에서 아무 교훈도 얻지 못한다는 데 있다"라는 말도 이런 역사의 현재성을 강조한 말이다.

이런 이치로 역사를 공부하고 역사소설을 읽는 목적은 역사지식을 암기하자는 데 있지 않다. 역사적 상상력을 길러 오늘의 문제를 풀어보자는 데 있다. 역사적 통찰력으로 현재의 내 삶을 살찌워 보자는 것이다.

역사를 다룬 소설이나 영화는 실존했던 과거 속으로 독자를 데리고 간다. 이 점이 합리성에 가치를 두는 5~6학년 어린이나 청소년에게 기쁨을 준다. 역사를 다룬 소설이나 드라마는 지나간 역사를 통해 역사의식을 강화하여 역사적 사고력을 길러준다. 예를 들어 《몽실 언니》는 역사책은 아니지만, 식민지시대라는 소설의 배경과 6·25전쟁을 겪은 가련한 몽실이라는 주인공의 삶을 통해 역사적 사고력을 구체적으로 경험하게 해준다. 만약에 어린이들에게 우리나라 근대사를 읽으라고 했다면 읽고 이해하기도 힘들었을 것이고, 독서에 대한 흥미도 잃게 될 것이다. 그러나 《몽실 언니》를 읽게 되면 그 시대의 사회와 역사를 주인공 몽실이의 삶을 통해 구체적으로 느끼고 경험할 수 있게 된다.

역사책 읽기나 역사소설, 사극을 감상하는 일을 통하여 역사적 사고력을 기르려면 역사적 눈이 필요하다. 역사적 눈이란 아이가 다음과 같은 질문을 받을 때 밝아진다.

첫째, 아이에게 사실과 허구를 구분하는 질문을 한다.

"이 책 속에서 사실과 사실이 아닌 것이 어느 것일지 생각해보겠니?"

아이들은 나름대로 이 사건 저 사건을 가리킨다. 그러나 아이가 얼마나 정확하게 사실과 허구를 골라내느냐는 중요하지 않다. 이런 질문을 통하여 사실과 허구가 섞여 있을 수 있다는 것을 자각시키는 것이 중요하다. 역사는 사실의 기록이다. 그러나 학급일지처럼 있었던 사실을 차례대로 다 적은 것이 아니라, 역사가가 취사선택한 사실을 적은 것이다. 그래서 역사에는 역사가의 시선과 가치관이 들어 있다는 것을 알아야 한다. 역사책을 읽고 무조건 믿거나, 역사를 다룬 영화를 보고 무조건 믿는 것은 역사에 대한 안목이 얕기 때문에 일어나는 실수이다. 역사를 보면서 의심의 눈을 번뜩일 때 역사적 사고력이 길러진다.

둘째, 역사 속 사실과 오늘의 현실을 비교하는 질문을 한다. 역사란 현재에 의미를 던질 때에만 가치를 갖는다. 역사를 재미로, 시간 죽이기로 읽는 독자가 아니라면 누구나 과거의 사실 속에서 오늘의 의미를 발견하도록 노력해야 한다. 예를 들어 대학시험을 보는 학생들이 기출문제를 열심히 푸는 것은 정작 시험장에 들어갔을 때 나오는 낯선 문제에 적응하기 위해서이다. 역사책이나 역사드라마를 많이 본 사람은 기출문제를 많이 푼 학생과 같다. 그래서 현실 적응능력이 뛰어나다.

셋째, 역사를 통해 아이가 미래를 예측해보도록 돕는 질문을 한다.

"임진왜란과 병자호란을 읽고 나서 넌 어떤 생각을 했니?"

"만약에 네가 당시 우리나라 왕이었다면 넌 어떤 결정을 내릴

래?"

"만약에 네가 지금 우리나라 대통령이라면 어떤 정책을 펼래?"

어린이들에게는 다소 어려운 질문일 수 있다. 그러나 역사책을 읽고 이런 생각을 하지 않는 독후활동이란 무슨 의미가 있을까?

09

과학서
과학적 사고력을 길러주는 질문법

사전적인 과학지식은 과학적 사고력과는 무관하다. 실제로 우리 주변의 많은 이들이 백과사전식 과학지식을 많이 외우고 있지만, 실생활에서 전혀 응용하지 못하는 경우가 많다. 이런 이유로 그동안의 과학교육이 과학지식만 가르쳐주었을 뿐, 과학적 사고력은 길러주지 못했다는 반성과 비판이 곳곳에서 일어나고 있다.

아이들은 자신을 둘러싼 세계에 관심이 많다.

"바다는 왜 파랄까?", "가을 하늘은 왜 더 높고 파랄까?", "해질녘이면 왜 하늘은 붉은색이 될까?", "시골의 별은 왜 서울의 별보다 굵고 밝은 것일까?", "잎은 왜 초록색일까?", "무지개는 왜 일곱 가지 색깔로 보일까?", "사람은 왜 꿈을 꿀까?", "사람은 왜 죽을까?"

아이들의 호기심은 끝이 없다. 과거의 아이들이나 현재의 아이들은 모두 이렇게 과학적인 사고력을 가지고 세상을 본다. 그런데 성장하면서 과학적 사고력은 사라지고 한줌도 안 되는 과학지식을 얻고는 만족해한다. 더 나아가서는 과학은 딱딱하다고 싫어한다. 왜 사람은 자라면서 과학적 사고력을 잃어가는 것일까?

그것이 오늘날 과학교육의 문제이다. 지금의 과학교육은 다른 사람들이 증명한 지식을 외우는 것으로 만족하고 있다. 남의 지식을 외우는 것은 누구에게나 지겨운 일이다. 그래서 과학적 사고력을 가진 어린이들이 과학시간에 흥미를 잃고 '과학이 싫어'라고 말하게 되는 것이다.

과학적 사고력을 위해 아이에게 다음과 같은 질문을 던지는 것이 필요하다.

첫째, 의심을 품게 하는 질문을 한다. "왜?", "그와 반대였다면?", "만약에?"라고 스스로에게 질문하면 두뇌에서 과학적 사고력이 활발하게 작동한다.

둘째, 아이가 사실에 근거하여 생각하도록 질문한다. 예를 들어 "사람은 왜 두 발로 걷게 되었을까?"란 궁금증이 생겼을 때 "사람이 동물보다 똑똑하니까", 혹은 "신이 사람을 가장 사랑하시니까"라는 대답으로 연결된다면 그것은 동화적 상상력이나 종교적 상상력이지, 과학적 사고력은 아니다. 과학적 사고력이란 '두 발로 걸어

보니까 지구의 중력을 덜 받아서 더 편했을 것', 혹은 '손으로 다른 일을 하려고 두 발로 걸었을 것'이라고 생각하는 방법이다.

셋째, 객관적인 시각을 유지하는 질문을 한다. 그동안 수많은 과학자들을 고문하고 죽인 것은 비과학적 사고의 결과였다. 예를 들면 '마녀 재판', '종교 재판'과 같은 재판들은 비과학적 사건의 예이다.

넷째, 고정관념을 깨는 질문을 한다. 하나의 문제에 하나의 답만 있다는 고정관념을 버리는 것이 과학적 사고력을 길러주는 지름길이다. 하나의 문제에 하나의 답만을 생각하면 창조와 발전은 없다.

마지막으로, 실생활에서 과학적 현상을 발견할 수 있는 질문을 한다. 과학을 실생활과 적용하여 생각하면 문제가 술술 풀린다. 뉴턴도, 아르키메데스도, 파블로프도 모두 실생활에서 문제를 풀었다. 과학의 내용은 모두 자연현상이나 실생활과 연관되어 있기 때문이다.

10

경제서
삶을 풍요롭게 만들어주는 질문법

큰 집에 살다가 작은 아파트로 이사 가게 되어 가져가지 못하는 물건이 생겼다. 멋지고 큰 식탁은 2년 전에 150만 원 주고 산 것인데, 작은 아파트에 들어가지 못해서 친구의 집 창고 속에 보관하기로 했다. 이때 그 식탁을 50만 원에 사겠다는 사람이 나타났다. 그러면 당신은 어떻게 하겠는가?

이런 문제에 봉착했을 때 문제를 해결하는 방식을 조사해보면 두 가지 유형이 나타난다.

"150만 원이나 주고 산 것을 어떻게 50만 원에 팔아? 갖고 있다가 큰 집으로 이사 갈 때 다시 쓰면 되는데."

"50만 원? 좀 싸긴 하지만, 그동안 그 식탁을 사용하고 즐긴 것을 100만 원으로 치면 50만 원만 받아도 괜찮은 거야. 창고 속에 두었다가 곰팡이라도 슬면 50만 원도 못 받는 물건이 될지도 몰라."

나는 둘 중에 어느 유형인가? 두 번째 경우를 한계주의Marginalism라고 한다. '지나간 일은 내버려 두어라'는 경제적 사고력이 들어간 용어이다. 즉 그동안 사용한 값과 소유의 기쁨을 100만 원으로 치고, 50만 원을 받고 파는 것이 현명하다는 생각이다. 이때 100만 원은 '심적 소득'이라고 한다. 이미 즐거움을 얻은 셈이니 50만 원에라도 팔아야 한다는 것이다.

이와 같이 경제적 판단력을 제대로 했는가를 생각하고, 확인하는 공부가 경제적 사고력 공부이다. 그리고 해결책을 제시하는 데 그것이 합리적인지를 따져보는 능력이 경제적 사고력이다.

모든 부모들은 자녀가 경제적으로 우월하게 살기를 바란다. 경제적 우월과 불가분의 관계에 있는 것이 경제적 사고력이다. 학교에서도 경제를 가르친다. 그러나 다인수 학급에서의 경제교육은 사실 중심의 지식을 암기하게 하고, 그것을 잘 알고 있는가를 평가하는 데 그친다. 이런 경제교육은 시험을 보는 데는 필요하지만 경제적 삶을 사는 데는 별 도움이 되지 않는다.

경제적 삶에 필요한 것은 경제적 지식이 아니라 경제적 사고력이다. 경제적으로 생각하고, 경제적으로 판단하여 결정하는 데 필요한 체계적이고 조직적인 사고력이다.

그런데 경제적 사고력은 학교수업과 같은 주입식 교육으로는 기를 수 없다. 경제적 사고력을 기르기 위해서는 현실 속으로 뛰어들어 체험해야 하는데, 아이들이 현실 속으로 들어가 체험하기는 어렵다. 그래서 경제적 문제를 다룬 소설이나 예화를 읽는 일이 필요하다.

예를 들어 아이들이 《열두 살에 부자가 된 키라》를 읽으면 '돈이 필요할 때는 어떻게 해야 하는지', '적은 돈을 가지고 필요한 돈을 만드는 방법에 어떤 것이 있는지'에 대한 아이디어와 문제해결력을 배우게 된다. 경제적 사고력을 길러주는 목적은 아이들로 하여금 경제문제에 부닥칠 때 합리적이고 현명한 의사결정을 내릴 수 있게 도와주는 데 있다. 경제서적을 읽히는 것은 경제지식을 가르치기 위한 것이 아니라, 경제적 사고력을 길러주기 위한 것이다. 경제적으로 생각해야만 경제적으로 행동할 수 있기 때문이다.

경제적 사고력을 길러 아이의 질문능력을 높이는 방법에는 다음과 같은 것들이 있다.

첫째, 현명한 경제활동과 현명하지 못한 경제활동을 구분하게 한다. 예를 들어 오 헨리의 《크리스마스 선물》에는 아름다운 머리카락을 팔아 남편의 시계줄을 산 아내와, 시계를 팔아 아내의 머리핀을 산 남편이 나온다. 이들은 과연 현명한 경제활동을 한 부부일까?

둘째, 텔레비전 뉴스나 신문을 보며 경제적인 생각을 유도하는 질문을 한다.

"가난한 환경미화원이 어느 날 '로또 복권'에 당첨되어 평생 놀아도 살 수 있는 돈이 생겼대. 너라면 그 돈을 받고 어떻게 살겠니?"

행운도 불행도 갑자기 온다. 이런 질문을 받고 부모와 토론하며 자란 아이라면 성인이 된 이후에도 경제적으로 우월한 삶을 살게 될 것이다.

11

신문
통합적 사고력을 길러주는 질문법

신문에는 다양한 정보가 실려 있다. 신문은 다양한 영역과 표현 방법이 망라되어서 여러 최신의 교과서를 한데 모은 교재와 같다. 그래서 신문 읽기는 통합적 사고력을 길러주기에 좋은 매체이다.

신문 속에는 갖가지 뉴스와 의견이 들어 있어서 세상을 한눈에 볼 수 있다. 섹션별로 꾸며진 신문은 정치, 경제, 교육, 문화, 생활, 역사, 환경 등 인간 사회의 다양한 분야가 총망라하여 들어 있다. 그래서 신문 읽기는 한쪽으로 치우친 우리 사고를 균형 잡아주고, 동시에 통합적으로 사고할 수 있도록 도와준다. 이런 이점 때문에 신문 읽기 교육은 어린이와 청소년들에게 세상을 읽는 교과서 역할을 해준다.

신문을 효과적으로 읽고 소화하려면 독특한 질문방식이 필요하다. 특히 학교 공부도 해야 하고, 다른 책도 읽어야 하는 아이들이 신문을 처음부터 끝까지 꼼꼼히 읽는 것은 현명하지 않다. 지루하기도 하고 읽기 능력도 제자리걸음을 면치 못한다.

어린이들이 신문을 읽을 때 권할 만한 질문방식은 다음과 같다.

첫째, 기사를 훑어보면서 육하원칙을 찾으라고 한다. 신문을 구석구석 다 읽을 필요는 없다. 먼저 큰 제목을 훑어본다. 그러다 흥미를 끄는 곳이 있으면 부제를 읽어본다. 더 읽고 싶다면 첫 단락을 읽는다. 첫 단락 속에 육하원칙이 다 들어 있다.

둘째, 사실과 의견을 구분하라고 한다. 신문은 사실만을 싣지는 않는다. 기사는 사실이고, 논설과 칼럼은 의견이다. 칼럼은 필자의 의견이나 주장이 들어가고, 사설은 신문사의 의견이 들어간다. 신문을 읽으며 사실과 의견을 구분하여 이해하는 것이 중요하다. 이것을 구분하지 못하면 '신문에 난 것은 다 사실'이라는 오류에 빠지게 된다.

셋째, 어휘 알기 질문이 필요하다. 신문 내용을 정확하게 이해하기 위해서는 용어를 알아야 한다. 일반적으로 신문용 어휘는 제한되어 있다. 조금만 노력하면 나중에는 자동으로 읽힌다. 제목을 구성하는 어휘에는 기사 내용이 압축되어 있다.

넷째, 비판하는 눈을 기르는 질문을 한다. 신문을 보는 독자는 기자가 기사를 쓴 의도와 사건이 사회에 미치는 영향을 분석하고,

자신이 동조할 것인지 아닌지를 정해야 한다. 비판하는 눈이 없으면 이것이 불가능하다. 비판의 눈은 어린 시절부터 길러주어야 한다. 비판적인 눈은 다양한 정보들 속에서 옳고 그른 것을 골라내는 눈이다. 이것이 없으면 객관적인 잣대가 없어서 타인을 지나치게 믿다가 낭패를 보거나, 지나치게 불신만 하는 편협한 사람이 된다.

다섯째, 현재의 문제를 해결하기 위한 질문이 필요하다. 신문에 등장하는 많은 문제들을 보고 해결방안을 생각하지 못한다면 신문은 기사 쪼가리에 불과하다. 신문을 읽는 목적은 다양한 문제의 해결방안을 생각하는 데 있다. 하나만이 아닌 다양한 방향, 다양한 방법을 마련하는 것이 좋다. 이런 훈련은 문제해결 능력을 길러줄 뿐 아니라, 논리적인 표현과 사고의 균형을 잡는 데도 효과가 있다.

12

교과서와 참고서
배운 지식을 실생활에 활용하는 질문법

아이들은 저마다 개성과 재능이 다르다. 암기력이 좋은 아이가 있는가 하면 상황 판단이 빠른 아이가 있고, 수리적 이해가 높은 아이가 있는가 하면 예술적 감각이 뛰어난 아이가 있다. 그러나 공교육은 이러한 아이들의 개성을 무시한다. 연령별 평균적 지능이라는 기준에 따라 학습과목과 난이도를 정하고는 그 아이의 점수가 평균 점수보다 높은지 낮은지만 보면 모든 재능을 알 수 있는 것처럼 판단해왔다. 개정 교육과정은 이런 평균적인 가치를 중시하는 교육 철학에 반기를 들었다.

교육신경과학 분야의 선도적인 사상가 토드 로즈Todd Rose는 그의 저서 《평균의 종말》에서 다음과 같이 말한다.

"세상에 평균이란 없다. 평균적인 지능, 평균적인 재능, 평균적인 생각, 평균적인 성격을 가진 사람은 세상에 존재하지 않는다. 모두가 개성적인 지능과 생각과 성격을 가지고 있을 뿐이다."

21세기로 들어오면서 세계의 교과서는 교사중심에서 학생중심으로 이동했다. 우리나라의 경우에도 1~5차 교육과정이 교사중심 교과서였다면, 6~7차 교육과정은 학생중심 교과서이다. 교사중심 교과서가 교사의 편리를 위한 지식창고형 교과서라면, 학생중심 교과서는 학생의 편리를 위한 연습형 교과서이다. 학생중심 교육의 공부시간이란 교사가 가르치는 시간이 아니라, 학생이 스스로 배우는 시간이라는 교육철학을 담고 있다. 그래서 공부시간에는 학생이 주체, 교사는 보조자의 역할을 해야 한다.

이런 교육과정과 교과서의 변천은 세상의 변화에 뒤떨어지지 않기 위한 국가적 몸부림이다. 4차 산업혁명시대에는 지식을 외우는 것은 가치가 없다. 지식을 기억하는 것으로는 어떤 분야에서도 성공하지 못한다. 지식과 기억이라면 인공지능이 인간보다 200배나 유능하기 때문이다.

개정 교육과정의 교과서에서는 학생마다 배우는 내용과 질이 다르다. 예전에는 교사가 밥을 해서 모든 학생에게 골고루 한 그릇씩을 퍼주는 식이었다면, 지금은 학생이 질문하는 것에 대한 대답을 교사가 들려주는 식이기 때문에 학생들이 받아 가는 내용은 질문에 따라 각양각색이다. 그러므로 교과서를 대하는 학생들의 질문능력에 따라 교육의 질과 양이 달라진다.

교과서는 교육과정이 바뀔 때마다 읽기방법과 질문방법을 달리 해왔다. 달라진 질문방법을 열거하면 다음과 같은 것들이 있다.

첫째, 예전 교과서가 글의 내용을 물었다면 현재 교과서는 글에 대한 나의 생각을 묻는다. 예전에는 책의 내용이 교육의 중심이었다면, 지금은 학생의 생각이 교육의 중심이다. 그래서 책의 내용을 묻는 질문은 대폭 축소되었고, 학생의 생각을 묻는 질문이 대폭 확대되었다.

둘째, 예전 교과서는 답을 아느냐, 모르느냐를 알아보는 질문으로 채워졌다. 반면에 현재 교과서는 답을 여러 가지로 만들어보라는 질문을 한다. 세상에 답이 하나뿐인 문제는 없다. 그러나 그동안의 교육은 마치 답이 하나뿐인 것처럼 학생들에게 하나의 답만 찾으라고 강요했다. 이런 질문방식은 학생들로 하여금 이미 있는 답을 찾는 것이 공부라는 매우 수동적인 학습관을 주입시킨다. 답을 찾지 못한 학생은 좌절할 수밖에 없었다. 그러나 새 교과서는 다양한 답 만들기를 학습시킨다. 그래서 학생들로 하여금 낯선 문제에 봉착했을 때 스스로 답을 만들어 이것저것 대입하며 문제를 해결하도록 한다. 21세기 불확실성의 시대를 살아가기 위해서는 답을 만드는 사람이 답을 찾는 사람보다 유리한 것은 자명한 일이다.

셋째, 나와 다른 사람의 생각과 답을 알아보는 질문이 많아졌다. 예전 교과서는 선생님의 생각이나 판단이 중요했고 그것을 찾아보라는 질문으로 채워졌다. 반면에 현재 교과서는 나의 판단과 생각이 중요하고, 아울러 친구의 생각과 판단도 중요해졌다. 이 세상은 혼자만 살아가는 곳이 아니다. 이웃과 어울려 살아야 행복한 곳이다. 그래서 행복한 세상을 만들기 위해 친구의 답과 나의 답을 비교해보고, 서로 다르게 생각하고 판단한 이유를 알아보는 질문이 많아졌다. 이런 질문들은 혼자가 아닌 어울려 살아갈 수 있는 능력을 길러주자는 의도이다.

"엄마가 질문하면 아이는 생각에 날개를 단다"

답을 찾는 아이에서 질문을 찾는 아이로!

아이는 엄마의 질문으로 자란다

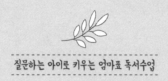

질문하는 아이로 키우는 엄마표 독서수업

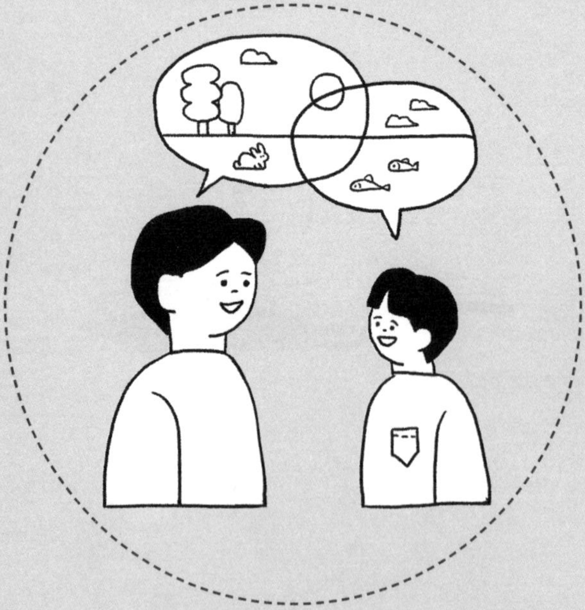

4

엄마의 질문 스타일은 아이의 인생 스타일

지금 우리가 어떤 사람인지는
어린 시절에 부모로부터 받았던 질문과 관련이 있다.
어린 시절에 들은 질문에는 마음과 생각의 방향을
유도하는 힘이 숨어 있기 때문이다.

01

닫힌 질문과 열린 질문

A

엄마: 너 화났니?

아이: 네.

B

엄마: 너 얼굴 표정이 왜 그래?

아이: 동생이 숙제 공책에 오줌을 싸서 다시 해야 해요.

똑같은 상황이지만 엄마의 질문 유형에 따라 아이의 대답이 달라진다. 대답의 내용뿐 아니라 대답하는 아이의 감정, 표정, 대화

분위기까지 달라진다. A형 질문은 닫힌 질문, 폐쇄형 질문이고, B형 질문은 열린 질문, 개방형 질문이다.

닫힌 질문은 '예, 아니오'와 같은 사실 확인만 원할 뿐, 아이의 감정이나 원인, 이유 등은 묻지 않는다. 따라서 대화가 길게 이어지거나 의사소통이 일어나지 않고 사실 확인이 끝나면 대화도 끝이 난다. 학교에서 정답을 알고 있는지를 테스트할 때 사용하는 OX식 시험지나 선다형 시험지도 닫힌 질문의 한 형태이다.

닫힌 질문이 이어지는 동안에 질문하는 사람과 대답하는 사람 사이에는 갑을관계가 형성된다. 모른다는 것은 결함이 되기 때문에 을은 부담감으로 위축되어 갑과 자유로운 대화를 나누기가 어렵다.

열린 질문은 사실 확인보다 상황맥락이나 응답자의 생각을 묻는 질문이다. 열린 질문에는 정답이 없다. 따라서 다양한 답변을 할 수 있다. 그래서 질문자와 응답자 간에는 갑을관계가 아닌 평등관계가 형성되어 자유로운 분위기에서 대화가 이어진다. 이때, 응답자의 두뇌는 생각탱크를 열어젖히고 사고의 지평을 넓히기 시작한다. 학교에서 학생의 머릿속에 들어 있는 지식의 깊이를 종합적으로 알아보는 주관식 시험, 서술형 시험, 토론과 논술 활동은 열린 질문의 일종이다.

열린 질문은 누가Who, 무엇이What, 얼마나How Many, How Much, 언제When, 어디서Where, 어떻게How, 왜Why와 같은 열린 의문사를 사용하여 확산적 사고를 유도한다. 그래서 열린 질문을 가리켜 '생각의 불꽃이 타오르게 하는 질문'이라고 말한다.

엄마의 질문이 쌓여서 아이의 생각을 결정한다

책을 읽은 후에 "주인공 이름이 무엇이지?"와 같이 기억력을 묻는 질문을 받으면 두뇌는 긴장 상태에 들어간다. 주인공 이름은 이미 정해져 있기에, 그 이름을 맞추는 데 성공하느냐 실패하느냐만 남아 있기 때문이다. 이렇게 정답이 하나밖에 없는 닫힌 질문은 정말 읽었는지에 대해 테스트 당한다는 느낌을 주면서 독서의 기쁨을 절감시킨다. 기쁨의 절감은 아이들을 수동적인 독자로 만들어서 질문이 일어나지 않는 두뇌로 만든다.

그러나 "흥부는 왜 가난하게 되었을까?"와 같은 열린 질문은 두뇌를 자유롭게 한다. 답이 하나가 아니고, 맞는 답과 틀린 답이 따로 존재하지 않기 때문이다. 이런 열린 질문을 받으면 두뇌는 배경지식과 사고력을 동원하여 나름대로 가능한 답을 찾는 활동으로 들어간다. 아이의 사고력 수준에 따라 답의 개수가 달라진다. 상상력과 창의력이 높은 아이들은 독특하고 다양한 답을 여러 개 만들어낸다.

닫힌 질문을 자주 하는 부모의 아이들은 어휘력이 낮고, 생각하기를 싫어하고, 사회성이 낮은 경향이 있다. 어린 시절에 늘 "예, 아니오"로만 대답하며 자랐기 때문에 다양한 어휘를 사용할 기회가 적었고, "예, 아니오"식 대화로 생각하거나 긴 대화를 이어갈 필요가 없었기 때문이다.

자녀를 창의적 사고와 다양한 문제해결력을 가진 사람으로 키우려면 부모가 먼저 열린 사고를 해야 한다. 열린 사고는 상상력, 추리력, 비교·대조 능력, 창의력의 소관이므로 부모의 사고력이 우선되어야 한다. 열린 질문을 많이 받으며 자란 아이들은 열린 사고력의 소유자가 되고, 나중에 열린 사고를 가진 부모가 된다.

4차 산업혁명시대에는 열린 사고가 필요하다

언어심리학 보고서들은 '닫힌 질문과 흑백논리는 밀접한 관계가 있다'고 말한다. 가치관이 형성되는 4~10세까지의 시기에 닫힌 질문을 받고, 확인형 질문만 들으며 자란 아이들의 경우, 세상에는 맞거나 틀린 사실만 존재한다고 믿게 된다. 따라서 자신이 배우거나 알고 있는 내용이 절대적인 진실이라고 믿고, 자기와 다른 의견을 가진 사람의 의견은 틀렸다고 본다. 이런 사람들은 타인과의 소통을 거부하고 자신만 옳다고 믿는 고집불통이 될 확률이 높다.

OECD의 국민성 조사보고서는 '흑백논리'에서 한국인이 1위를 차지한다고 보고하고 있다. 우리 국민이 너무나 오랫동안 OX식 시험과 선다형 시험을 보고 자란 결과로 보인다.

4차 산업혁명시대는 정해진 답이 없다. 급변하는 상황 속에서 스스로 답을 찾아야 하는 시대이다. 이런 시대를 성공적으로 살아가기 위해서는 새로운 답을 생각해내는 열린 사고가 필요하다. 그러자면 질문의 방법이 달라져야 한다.

1+( )=10의 정답은 '9', 하나뿐이다. 그러나 ( )+( )=10의 정답은 1과 9, 2와 8, 3과 7, 4와 6, 5와 5 다섯 개나 된다. 우리가 어떤 수업을 하는 것이 아이들의 사고를 확장시키는 데 도움이 될까? 세상은 넓고 진실은 다양하다. 아이들이 넓고 다양한 답을 찾을 수 있도록 열린 질문을 해야 한다. 그것이 4차 산업혁명시대의 공부이고, 질문이다.

서양의 부모들에 비해 동양의 부모들에게 정답주의나 가르침주의가 팽배하다. 일방적 가르침을 통한 정답을 찾는 결과중심의 교육은 자녀에게 방대한 지식을 주입시킬 수는 있지만, 한 가지 문제에 대한 다각적 접근이나 깊은 통찰로 문제를 해결하는 능력은 길러주기가 어렵다.

02

객관형 질문과 주관형 질문

A

-6·25 전쟁은 몇 년도에 일어났지?

-우리나라 초대 대통령의 이름은 무엇이지?

B

-6·25 전쟁은 왜 일어났을까?

-우리나라 초대 대통령은 어떤 분이지?

A는 객관형 질문이고, B는 주관형 질문이다. 객관형 질문은 누구나 다 옳다고 말할 수 있는 공인된 사실이나 지식을 묻는 질문

이고, 주관형 질문은 그 사실에 대한 본인의 지식이나 생각을 묻는 질문이다.

객관형 질문이 어떤 특정한 사실에 대한 응답자의 지식 유무를 측정할 때 사용하는 결과중심 질문이라면, 주관형 질문은 특정한 사실에 대한 응답자의 지식의 양과 깊이, 생각 등을 측정하는 과정중심 질문이라고 할 수 있다. 객관형 질문에서 응답자는 조연이 되고, 주관형 질문에서 응답자는 주연이 된다.

객관형 질문을 자주 받고 자란 아이들은 '객관적인 사실이 곧 진실'이라고 믿게 된다. 그래서 신문에 난 사실과 뉴스는 곧 진실이라고 믿는다. 이런 사람들은 나의 생각보다는 다른 사람의 생각, 공론이나 여론을 더 중요하게 여긴다.

반면에 주관형 질문을 자주 받은 아이들은 다른 사람의 의견보다 자신의 의견을 존중한다. "네 생각은 어때?", "왜 그렇게 생각하니?"와 같은 질문을 받고 자란 아이들은 '자아정신'이라는 주관이 강하다.

사람은 누구나 자기 자신을 주인공으로 대해주는 사람을 좋아한다. 주관형 질문은 바로 나의 생각을 묻는 질문이기 때문에 대답하는 사람이 주인공이 된다. 그래서 주관형 질문을 자주 하는 부모 밑에서 자란 아이들은 자연스럽게 자존감이 높은 아이로 성장한다.

주관형 질문은 미래를 개척하는 힘을 기른다

'아는 것이 힘'이었던 시대에는 알고 있는 지식의 양이 중요했다. 그래서 학교는 학생들의 두뇌에 객관적인 신지식을 많이 넣어주기 위해, 주입식 강의로 낱개의 지식을 넣어주는 데 열중했다. 따라서 객관적인 지식을 많이 알고 있는 사람이 똑똑한 사람, 바람직한 사람으로 평가되었다. 학교 시험, 대학 입학시험, 인재채용 시스템인 국가의 각종 고시나 회사 채용시험도 객관적인 지식의 양으로 측정하는 사회가 60여 년 동안 지속되었다.

그러나 이제 로봇이나 인공지능과 함께 살아야 하는 인간에게 단순지식을 아는 것은 더 이상 힘이 될 수 없다. 단순지식과 반복동작은 사람보다 인공지능을 장착한 로봇이 더 잘하기 때문이다. 변호사 세 명이 3일 걸려서 할 사례분석을 인공지능 변호사 '로스'는 2시간 만에 처리하고 있다. 예측할 수 없는 미래, 변화무쌍한 환경에서 살아가려면 '창조적인 두뇌, 변화에 적응하는 능력'이 무엇보다 필요한 시대가 되었다.

때문에 답보다는 '왜 그런 결과가 나왔는지'를 아는 것이 중요하다. 주관형 질문을 중요시하는 '과정중심 교육과정'에서는 이미 객관화된 단순지식보다는 원인과 과정을 중요하게 여긴다.

과정중심 교육에서는 주입식 강의보다는 토론식 강의를 선호하고 주관식 시험으로 능력을 평가한다. 따라서 아이들은 시험을 치르며 두뇌에 저장된 답을 꺼내는 것이 아니라 주어진 질문에 대해 스스로 해답을 만드는 창조적 문제해결 활동을 하게 된다.

질문의 가장 중대한 효과는 불확실한 상황에 처했을 때 생각하고 행동하게 해준다는 점이다. 불확실한 상황에서 답을 얻는 기술은 상상력, 창의력, 기획력, 문제해결력을 기반으로 하는 주관형 질문이다.

주관형 질문이 진보적 두뇌를 만든다

언어심리학 연구 보고서들은 객관형 질문이 보수적 성향의 사람을 만들고, 주관형 질문이 진보 성향의 사람을 키운다고 말한다. 보편적으로 보수적 성향의 사람은 객관적인 사실과 현재를 중요시해서 변화를 거부하고, 진보적 성향의 사람은 개인의 의견과 미래를 중요시하여 변화를 꿈꾼다. 지금의 기성세대는 객관식 질문을 받으며 자라온 세대들이다. 그래서 시험지나 리포트에 자기 생각이 아닌 유명 학자들의 생각, 참고서의 생각을 그대로 옮기며 자랐다.

"그래서 네 생각은 뭔데?"

외국 유학을 간 우리나라 학생들이 리포트를 제출했을 때 교수로부터 가장 많이 들었던 질문이다. 공인된 생각을 진리라고 생각하며 자라온 한국 청년들은 비로소 자신의 생각도 중요하다는 것을 인식하며 충격을 받았다.

이런 충격은 우리가 주관형 질문을 받아보지 못하고 자랐기 때문에 발생한 놀람이다. 주관형 질문에 대답하려면 내 생각이라는 것이 있어야 한다. 이런 경우 평소에 독서를 많이 한 아이들은 교수에게 칭찬받는 리포트를 낼 수 있다. 독서는 항상 내 생각을 만들면서 진행하는 활동이기 때문이다.

인격장애 치료전문가인 오카다 다카시岡田尊司는 《심리 조작의 비밀》에서 "누군가를 객관적인 정보과잉 상태에 오랫동안 머물게 하면 주체성을 잃은 꼭두각시로 만들 수 있다"라고 말한다. 인생의 내비게이션인 두뇌에 객관적인 지식만 쌓여 있고 자기 생각이 없는 인간은 남의 주장을 그대로 따라하면서도 그것이 자신의 생각이라고 착각하기 때문이다.

03

고정형 질문과 성장형 질문

A

-너는 반에서 몇 등이니?

-너는 수학을 잘하니, 못하니?

B

-너는 미래에 어떤 사람이 되고 싶니?

-너는 앞으로 어떤 과목을 잘하고 싶니?

A는 고정형 질문이고, B는 성장형 질문이다. 고정형 질문은 현재의 상태에 초점을 맞추는 질문이고, 성장형 질문은 앞으로 다가

올 미래에 초점을 맞추는 질문이다. 고정형 질문은 답보형 질문, 현재중심 질문이라고 하고, 성장형 질문은 혁신형 질문, 미래중심 질문이라고 한다.

스탠퍼드대학교 심리학과의 캐롤 드웩Carol Dweck 교수는 사람들의 사고방식을 크게 두 가지로 나누고 있다. 고정형 사고Fixed mindset와 성장형 사고Growth mindset로 나누어 설명한다. 고정형 사고방식을 가진 사람들은 성격, 지능, 창의력 등의 능력이 고정되어 있고 바뀌지 않을 거라고 생각한다. 그들에게 성취나 성공은 현재 가지고 있는 능력이 인정받는 것을 의미한다. 그들은 시험 또는 평가에서 만족스럽지 못한 결과를 받을 경우에, 자신이 능력 없다고 인정하고 낙담한다. 따라서 그들은 현재의 장점이나 뽐낼 수 있는 것들에 안주하고 새로운 도전이나 개척정신을 발휘하지 않는다.

반면에 성장형 사고방식을 가진 사람은 능력이란 고정되어 있지 않고 언제나 성장 가능한 것이라고 믿는다. 그리고 인간의 지능과 창의성, 또는 인간관계와 같은 사회적 능력은 노력이나 연습을 통해 개선할 수 있다고 믿는다. 따라서 성장형 사고방식의 사람들은 평가나 시험의 결과가 그들의 재능 없음을 증명한다고 생각하지 않기에 쉽게 좌절하지 않는다. 성장형 사고가 제공하는 핵심 장점은 새로운 변화와 성장을 목표로 계속 노력하게 만든다는 것이다. 따라서 성장형 사고의 사람들은 끊임없이 도전하고 개척한다. 성장형 사고의 자녀를 원한다면 먼저 부모의 성장형 질문이 우선되어야 한다.

성장형 질문이 성공과 행복을 부른다

토머스 에디슨이 발명한 전구는 1,200번의 실패를 딛고 성공한 결과물이다. 한 기자가 에디슨에게 물었다.

"1,200번의 실패를 어떻게 감당하셨습니까?"

에디슨이 대답했다.

"나는 1,200번 실패한 게 아닙니다. 1,200가지 방법이 효과가 없다는 것을 알아낸 것이지요."

이런 사고가 바로 성장형 사고이다. 우리가 행복하고 성공하려면 에디슨처럼 성장형 사고방식을 가지고 있어야 한다. 아이가 어릴 때부터 성장형 사고를 갖게 되면 '지금은 이만큼밖에 모르지만 더 나아질 수 있다'는 생각을 갖고 배움에 임하기 때문에 심화 학습자로 발전할 수 있다.

반면에 재능은 타고나는 것이며 바뀌지 않는다는 고정형 사고를 주입받은 아이들은 '내 수준은 여기까지'라고 결론짓고 성장의 문을 닫아버린다. 반대로 아주 똑똑한 학생이 고정형 사고에 빠지면 '나는 똑똑하니까 더 배울 필요가 없다'는 생각을 가지면서 성장을 멈춘다.

부모나 교사는 자신도 모르게 '넌 참 똑똑하다' 혹은 '넌 머리가 좋다'고 칭찬하는 경우가 있다. 이런 재능에 대한 칭찬은 오히려 고정형 사고를 부추긴다. 아이가 좋은 성적을 내면 '똑똑하다'는 칭찬 대신, 아이가 노력한 과정을 칭찬해야 성장형 사고를 갖는다.

우리의 뇌세포는 목적 없이 움직이지 않는다. 이번 달, 올해, 10년 후 등 장단기 목표를 세우고 행동할 때 더 힘차게 움직인다. 미래를 향한 목표를 세우는 일은 성장형 사고를 촉진시키는 좋은 방법이다.

04

티칭형 질문과 코칭형 질문

A 서울은 인구밀도가 세계에서 몇 번째로 높은 도시인가?

B 서울은 인구밀도가 높은데, 왜 그런지 알아볼까?

둘 다 서울의 인구밀도를 묻는 질문이지만 질문의 유형이 다르다. A는 인구밀도의 순서를 묻는 질문이고, B는 서울의 인구밀도가 높은 이유를 묻는 질문이다.

A형 질문을 받은 아이는 기억을 더듬거나 교과서나 참고서를 뒤적여 정답을 찾는다. 반면에 B형 질문을 받은 아이는 생각을 하거나 도서관으로 가서 다양한 자료를 찾아보며 답을 만든다. A는 지식을 가르치려는 티칭형 질문이고, B는 스스로 답을 찾게 도와

주려는 코칭형 질문이다. 티칭형 질문은 객관화된 지식을 찾는 '정답 찾기' 질문이고, 코칭형 질문은 추론을 통해 정답을 만들게 하는 '정답 만들기' 질문이다.

티칭형 질문은 답은 이미 있으니 찾아보라는 신호를 내린다. 그래서 이런 신호를 받은 아이들은 자신의 기억창고 속이나 교과서에서 답을 찾으려고 노력한다. 그러다 찾지 못하면 모른다고 포기한다.

반면에 코칭형 질문은 확산적 사고를 하게 하고, 탐구정신을 길러준다. '왜', '만약에'와 같은 의문 부사를 동반하는 이 질문은 생각탱크를 열어줄 뿐만 아니라, 방향을 안내하고 초점을 맞추어주기도 한다.

만약에 선생님이나 부모가 이런 질문을 자주 한다면 아이는 하나를 가르쳐주면 열을 아는 아이로 성장한다. 탐구정신에 불을 붙여 생각을 불타오르게 하기 때문이다.

티처보다 코치가 위대하다

> 공자와 제자들이 길을 걷고 있었다. 공자가 말했다.
>
> "저기 길에 떨어져 있는 지푸라기를 주워오너라."
>
> 제자가 뛰어가 지푸라기를 주워 들고 돌아왔다.
>
> "무슨 냄새가 나느냐?"

“생선 비린내가 납니다. 아마도 생선을 묶었던 지푸라기인가 봅니다.”

스승이 말했다.

“사람도 그러하느니라. 그 사람의 입에서 나오는 말의 향기에 따라 그가 어떤 사람인지 알게 되느니라.”

공자는 코칭형 질문으로 제자들을 가르친 대표적인 스승이었다. 예수도, 석가도, 소크라테스도 정답을 직접 가르쳐주지 않고, 코칭형 질문을 던져 제자들이 스스로 정답을 깨치도록 도와준 스승이었다.

정답을 가르쳐주는 학교는 무의미하다

어딘가에 정답이 있다고 믿던 시절이 있었다. 바로 지금의 부모들이 학교에 다니던 시절이다. 교과서의 학습활동은 정답이 있는 질문만 했고, 학생들은 그 정답을 외워 시험을 보았다. 학교 공부는 정답 알려주기고, 시험은 정답 찍기였다.

그래서 학생들은 세상을 이분법으로 보게 되었다. 정답과 오답, 옳은 것과 그른 것이 존재한다고 믿었다. 그러나 학교를 졸업하고 보니 인생에는 정답이 없었다. 자신이 찾아야 할 정답이 수백 가지도 넘었다. 사회생활이란 내가 나에게 가장 맞는 답을 찾아 실행하는 일의 연속이었다. 내가 찾아야 할 답은 매일매일 산더미같이 쌓

였지만 그 답은 교과서나 참고서에서 본 적이 없는 낯선 세계였다. 이것이 오늘의 기성세대가 겪는 철학적 충격이다.

4차 산업혁명이 일어나면서 지식과 답의 의미가 달라졌다. 불투명한 미래, 지식의 주기가 12~14개월밖에 되지 않는 사회에서 정답이 어디 있겠는가? 미국인의 정답과 한국인의 정답이 다르고, 부모의 정답과 자식의 정답이 다르고, 친구의 정답과 내 정답이 다를 수밖에 없다. 이런 시대에 정답을 가르쳐주는 학교는 무의미하다.

그래서 새 교육과정은 티칭 대신 코칭으로 방향을 바꾸었다. 선생님은 티처가 아닌 코치가 되기로 했다. 개정 교육과정과 교과서는 지식을 가르쳐주는 역할을 하지 않기로 했다. 학생들이 스스로 지식을 알아가는 것을 돕기로 했다. 그것이 새 교육과정과 교과서의 정신이다.

정부는 앞으로 융합형 인재를 기른다는 기치 아래 교육과정을 개편하고 교과서를 새로 개발했다. 그 핵심이 정답을 강요하지 않는 사회, 스스로 다양한 답을 만들 수 있는 학생을 만드는 것이다. 그러나 학부모들은 여전히 정답 찾기 학습을 숭상하여 자녀들을 쪽집게 학원으로 내몰고 있다.

지금의 부모가 사는 세상과 앞으로 아이들이 살 세상은 다르다. 지식의 유효기간이 옛날에 30년이었다면 오늘날은 길어야 3년이다. 아이들이 살 세상에는 정답이 없다. 그때그때 당면하는 상황 속에서 정답을 만들어야 한다. 정답을 만드는 과정의 초입에 질문이 있다. 객관식 지식에만 의존하는 학생들은 자신의 생각을 잃을지도 모른다. 자신의 생각을 잃은 아이들은 질문을 하지 않고, 질문을 하지 않는 아이들은 자기 생각을 소유할 수 없다.

답을 찾지 말고 질문을 찾아라. 세상에 단 하나의 정답은 없다. 이 세상에 완벽한 답도 없다. 있다고 생각하고 찾는 사람은 아마추어다. 잘 모르기 때문에 "이러면 어떨까?"라는 질문을 던질 수 있다. 그것이 바로 질문 프로가 되는 길이다.

05

부정형 질문과 긍정형 질문

A 넌 누굴 닮아 그렇게 머리가 나쁘니?

B 형은 늘 1등인데, 넌 언제 1등 할래?

C 성적이 낮아졌구나. 성적을 올리려면 무엇을 개선하면 좋을까?

부모의 질문이 A형일 경우에 아이는 자신이 머리가 나쁜 아이라고 인식한다. 나아가 자신은 구제불능이라는 생각에 빠져 좌절하게 된다. A는 부정형 질문의 대표적인 유형이다. 부모의 질문이 B형일 경우에 아이는 형부터 미워하게 된다. 부모가 비교의 방법으로 형제 사이를 이간질시켜 부정적 분위기를 만들었기 때문이다. 이런 비교를 통한 부정형 질문은 인간관계에 나쁜 결과를 초래한다. 부모의 질문이 C형일 경우에 아이는 긍정적인 에너지를 전달받는다. 이런 긍정형 질문은 '할 수 있다'는 긍정형 에너지로 전환된다.

"우리는 자신이 들은 질문 속에서 살아간다."

《긍정혁명》을 쓴 케이스웨스턴리저브대학교의 데이비드 쿠퍼라이더David Cooperrider 교수의 말이다. 그는 '질문에 따라 인간의 사고가 조정받고, 그 사고는 사람의 운명을 만드는 데 한몫한다'는 주장을 책 한 권 내내 역설했다.

사람은 감정의 동물이라 부정적인 말을 들으면 부정적으로 대응하게 되고, 긍정적인 말을 들으면 긍정적으로 대응하게 된다. '가는 말이 고와야 오는 말이 곱다'는 식이다. 언어심리학자들도 '부정적인 질문에는 부정적 대답이 기다린다'고 말한다. 엄마가 "에구. 넌 왜 그리 수학을 못하냐?"라고 말하면, 아이는 "엄마는 얼마나 잘했는데요?"라고 받아치거나 "엄마 닮아 그런 걸 어쩌라고요!"라는 식으로 반항할 것이다.

늘 부정적으로 질문하는 부모의 아이들은 '나는 무능하다'고 생각해서 좌절하고, 자신의 잠재능력마저 억누르며, 부정적인 미래를 상상한다.

반면에 긍정적인 질문을 하는 부모의 아이들은 긍정적인 미래를 꿈꾼다. 예를 들어 부모가 "수학 점수가 낮구나. 수학이 좋아지는 방법을 알아보자"라고 말하면 아이는 수학을 잘할 수 있는 방법을 연구하게 된다.

만약에 돈을 빌려가서 갚지 않는 친구가 있다면 누구나 속상할 것이다. 그런데 친구의 형편을 알아보니 돈을 갚을 능력이 전혀 없을 때 두 가지 반응이 일어날 수 있다. 하나는 '고소해서 망신이라도 줄까?' 하는 부정적 사고에 따른 행동이다. 아마 두 사람은 원수가 될 것이다. 다른 하나는 '고소하는 것이 최선은 아니야'라는 긍정적 사고에 따라 참고 기다리는 행동이다. 이럴 경우 긍정적 사고를 실행한 사람은 친구를 잃지 않고 운이 좋으면 돈도 받을 수 있지만, 부정적으로 대응한 사람은 친구와 돈을 함께 잃게 된다.

위축과 발전을 부르는 평가의 힘

대개의 경우, 부정적 평가는 구체적으로 개선할 점을 알려주려는 의도에서 실행된다. 그러나 하버드대학교 폴 그린Paul Green 교수 팀의 현장 연구에 의하면 부정적 평가는 발전보다는 위축에 더 기여하는 것으로 나타났다. 부정적 평가를 받은 사람은 개선효과보다 위축효과를 먼저 경험하고, 자신을 긍정적으로 평가해줄 사람을 찾는 '칭찬 쇼핑'을 시작한다고 한다. 부정적 질문도 마찬가지이다. 부정적인 질문은 힐난이 되어 개인의 발전에 기여하지 못한다. 그러므로 부정적 질문을 할 경우에는 긍정적인 질문이나 긍정적인 의견을 함께해야 역효과를 막을 수 있다.

긍정의 힘이 가져오는 놀라운 성과는 이미 널리 알려진 사실이다. 잘될 것이라는, 다시 일어설 수 있다는, 다시 일어서면 된다는 긍정 마인드가 더 높이 힘차게 비상할 수 있는 에너지를 제공한다.

무언가 잘못되었을 때 부정적인 마인드를 가진 사람은 "맙소사 망했구나!" 혹은 "이생망!", "헬조선!"을 외친다. 반면에 긍정적인 마인드를 가진 사람은 1,200번 실패 끝에 성공했던 에디슨처럼 실패를 어떻게 활용하여 성공할 수 있을까를 생각한다.

성공과 실패는 부모의 혀끝에 달려 있다

진로교육 전문가들은 "자신에게 부정 마인드를 가진 아이는 진로탐색에 어려움을 겪고, 긍정 마인드를 가진 아이는 진로탐색에 성공한다"라고 말한다. 초등학교 시절에 아이들이 경험하는 긍정적인 자극과 경험은 아이들의 뇌에 긍정적인 변화를 가져온다. 그러므로 영어단어 한 개, 수학문제 몇 개를 더 맞추는 것에 초점을 맞춘 교육보다, 스스로의 일에 행복해하고 동기부여를 경험할 수 있는 긍정 마인드에 초점을 맞추어야 한다. 그런 긍정 마인드가 아이들이 평생을 살아갈 수 있는 귀중한 자산이 된다.

누구의 인생이나 오늘의 성공이 내일의 실패를 가져올 수 있고, 오늘의 실패가 내일의 성공을 가져올 수도 있다. 그것은 부정적인 질문으로 아이를 키우느냐, 긍정적인 질문으로 키우느냐에 달려 있다. 즉 부모의 혀끝에 아이의 미래가 달려 있다.

우리 선조들은 말의 힘을 믿었다. 그래서 부모로부터 자주 들었던 말이 아이의 운명이 된다는 '부모 말이 문서다'라는 속담을 만들어 후손에게 전했다. 희망적인 말을 듣고 자란 아이는 좋은 운명을 갖게 되고, 절망적인 말을 자주 듣고 자란 아이는 나쁜 운명을 갖게 된다는 이 속담에 한국인의 언어관이 들어 있다.

우리 뇌에는 오래된 뇌인 변연계와 새로운 뇌인 신피질이 공존하는데, 신피질에서 어떤 생각을 하느냐에 따라 변연계가 우리 몸의 생리를 그에 맞게 조율한다. 또한 우리는 다른 동물과 달리 생각을 말로 발화하는 순간, 그것을 귀가 듣고 다시 뇌로 전해 효과가 배가 된다. 그래서 실패하는 입버릇에서 성공하는 입버릇으로 바뀌는 순간, 인간의 미래는 180도로 달라진다.

06

명령형 질문과 배려형 질문

A

-이 옷은 너한테 안 어울리는 거 알지?

-넌 의사가 되어야 해.

B

-어떤 옷이 마음에 드니?

-나중에 무슨 일이 하고 싶니?

언뜻 보면 A형과 B형의 질문은 내용에는 큰 차이가 없는 것처럼 보인다. 그러나 '해야 한다'와 '네 생각은 어때?'라는 말에는 차이가 있다. A형 질문은 소위 '교관부모'들이 사용할 법한 질문이고, B형은 민주적인 가정에서 사용되는 질문이다. A형을 명령형 질문, 독재형 질문이라 한다면, B형을 배려형 질문, 민주형 질문이라고 할 수 있다.

A형 질문의 경우, 아이에게는 선택권이 없다. 명령형 질문은 심문과 같아서 결과도 나쁘다. 아이들은 자신의 입장에서 묻고 싶은 것만 묻는 부모, 혼자서만 질문을 독차지하는 부모, 힐난하는 부모에게 마음을 열지 않는다. 반면에 배려형 질문에는 마음을 연다.

주입식 교육의 가장 큰 단점도 질문 독재에서 온다. 교실에서 "왜 그렇게 생각하지? 네 생각은 어때?"라는 질문은 무시된다. 주입식 교육의 공간은 교사가 가르쳐주는 지식을 외우기만 하면 되는 공간이기 때문이다. 반면에 배려형 질문은 전적으로 아이에게 선택권을 주는 질문이어서 아이들의 참여도가 높아진다.

배려형 질문의 3대 원칙

언어학자 폴 그라이스Herbert Paul Grice는 "훌륭한 대화는 협력의 원칙을 지키는 것"이라고 말한다. 그의 학설에 따르면 좋은 대화의 첫 번째 원칙은 '상호 교대의 법칙'이다. 공놀이를 하듯이 대화할 때 서로 공평한 기회를 갖는 것이다. 두 번째는 '연관성의 법칙'으로 서로 간에 공통의 목적과 방향을 갖는 것이다. 세 번째는

'분량의 법칙'으로 서로 비슷한 분량의 말을 주고받는 것이다. 이것을 어기면 대화는 깨지고 소통은 일어나지 않는다.

질문도 큰 틀에서 볼 때 일종의 대화이다. 그래서 질문에서도 이 대화의 원칙이 중시된다. 한쪽만 질문을 하고 한쪽에게는 대답만 요구하게 되면 질문이 아니라 심문이 된다. 심문은 명령형 질문의 대표적인 형태이다. 명령형 질문은 소통이 불가능하고 질문이 목표한 대답을 들을 수도 없다. 반면에 대화의 3대 원칙을 지키며 하는 배려형 질문은 소통이 일어나고 소기의 목적을 달성할 수 있다.

배려형 질문은 대화의 세 법칙을 잘 지킬 때 성립된다. 혼자만 질문하고 상대방은 대답만 할 경우, 상대방이 흥미 없는 질문을 강제로 할 경우, 혼자만 질문하고 상대방에게 기회를 주지 않는 경우는 명령형 질문이 된다.

명령형 질문을 자주 듣고 자란 아이들은 질문을 두려워한다. 그래서 질문받기도 질문하기도 싫어한다. 즉 질문을 멀리하는 아이가 된다. 이 경우 두뇌는 움직이지 않고, 대인관계도 나쁘고, 새로운 지식을 탐구하려는 의지도 상실한다.

명령형 질문 속에서 자란 아이는 나중에 이렇게 말할 것이다.

"나는 하기 싫었는데 엄마가 억지로 하라고 해서 다 그렇게 된 거야."

"이게 다 엄마 때문이야. 나는 잘못이 없어!"

"엄마가 시작한 일이니까 나는 몰라."

아이는 자신이 만든 문제의 결과가 아니기 때문에 문제해결을 시도하지 않는다. 더 큰 문제는, 자라면서 자신이 선택한 자유를 마음껏 누리는 기쁨을 경험하지 못했기 때문에 성인이 되어서도 자신이 무엇을 좋아하는지, 무엇을 잘하는지 모른다는 것이다.

명령형 질문에는 나쁜 답이 기다린다

2017년 한국직업능력개발원의 보고서(대졸자 18,000명 대상)에 따르면 우리나라 대학생이 스스로 원하는 전공을 고려하여 대학교를 선택한 경우는 전문대학의 경우 45.0퍼센트, 4년제 대학의 경우 37.9퍼센트에 불과했다. 또 전문대학 졸업자의 48.8퍼센트, 4년제 졸업자 55.3퍼센트가 전공을 다시 선택할 수 있다면 다른 전공을 선택하겠다고 답했다. 이런 결과는 어려서부터 의사결정을 할 때 부모의 통제 및 압박, 사회의 유행에 따라야 한다는 강박관념 때문에 일어난다. 이렇게 자란 아이들은 성인이 되어서도 자신의 흥미와 강점을 고려하지 못해 자신감이 없는 사람이 된다.

질문은 평등하고 민주적인 환경을 지향한다. 일단 질문을 받으면 사람은 로봇이 아니기에 다음과 같은 과정을 거친 후에 대답한다.

—저 사람은 나에게 이런 질문을 할 권리가 있는가?

—내가 이 질문에 답할 의무가 있는가?

—의무는 없어도 대답을 해줄까, 말까?

—사실대로 말할까, 다르게 말할까?

명령형 질문을 받은 경우에는 거부하고 저항하는 대답인 부정적인인 답이 기다린다.

또 인간은 시각정보에 가장 큰 영향을 받기 때문에 질문하는 자세도 매우 중요하다. 뒤로 비스듬히 기대거나, 팔짱을 끼거나, 다른 일을 하면서 질문하는 사람의 질문에는 대답하고 싶지 않아진다. 몸을 앞으로 기울이고 상대방의 눈을 보면서 평등한 자세로 질문해야 정확한 대답을 들을 수 있다.

07

경쟁형 질문과
공감형 질문

A 빨간 장미와 노란 장미 중 어느 게 더 예쁘지?

B 빨간 장미와 노란 장미 중 어느 게 더 맘에 드니?

두 질문은 상황은 같지만 관점이 다르다. A형 질문에는 두 꽃 중 우열을 가리라는 뜻이 담겨 있고, B형 질문에는 마음이 끌리는 쪽을 말하라는 뜻을 담고 있어서 당신은 존중받고 있다는 메시지도 함께 전한다. A형 질문은 경쟁형 질문, 차가운 질문이라고 하고, B형은 공감형 질문, 따듯한 질문이라고 부른다.

경쟁형 질문은 세상 만물이 우수한 것에서 열등한 것까지 순서가 있다고 보는 관점이다. 이런 관점에서 볼 때 내가 좋아하는 것은 우월하고, 내가 싫어하는 것은 열등하다. 반면에 공감형 질문은 개인이 선호하는 것은 있지만, 그것으로 우열을 가릴 수 없다는 생각을 담고 있다.

경쟁형 질문을 할 때 우리는 좋은 사람과 나쁜 사람, 좋은 학교와 나쁜 학교가 있다고 생각할 수 있다. 반면에 공감형 질문을 할 때에는 우열보다 호감이 존재한다고 생각한다. 그래서 좋고 나쁨보다는 마음에 끌리고 덜 끌리고를 중요시한다.

경쟁형 질문을 자주 하는 부모의 아이는 세상에 우열이 있다고 믿으며 자란다. 이런 생각을 하며 자란 아이들은 실패했을 때, 자신이 열등하다는 생각에 좌절하며 자신을 좌절시킨 직장이나 세상과 불화하게 된다. 이런 아이들은 도전정신을 잃는다.

반면에 공감형 질문은 차이를 인정하는 질문이다. 공감형 질문을 받고 자란 아이들은 세상에는 우월하고 열등한 것은 존재하지 않고, 좋아하고 덜 좋아하는 것이 있을 뿐이라고 믿는다. 따라서 만물을 상하개념이 아닌 호불호로 보게 된다. 그러므로 내가 실패한 것은 내가 열등해서가 아니라 나에게 맞지 않는 일을 선택했기 때문이고, 입사시험에 떨어진 것은 내가 못나서가 아니라 회사와 맞지 않기 때문이라고 생각한다. 그렇게 되면 좌절하기보다 자신에게 맞는 다른 직장을 찾아나서는 사람이 된다.

공감형 질문은 리더의 필수품

질문은 몰라서 물어보는 게 아니라, 공감의 수단으로 쓰일 때가 더 많다. "네 생각은 어때?"와 같은 공감형 질문은 상대와 나 사이를 좁히고, 상대를 대화 속으로 끌어들여 대화의 주인공으로 만들어준다. 상대방의 닫힌 마음도 열게 한다.

공감형 질문에 익숙해지려면 먼저, 질문받을 상대와 같은 마음이 되는 것이 중요하다. 상대의 처지와 입장, 생각을 알게 되면 상대가 공감할 수 있는 질문을 할 수 있게 된다. 즉 배려정신이 있어야 공감형 질문을 할 수 있다.

지난 2016년에 〈중앙일보〉가 시민 3,061명을 대상으로 가장 매력적인 글로벌 리더를 조사했더니 오바마 전 미국대통령이 1위로 뽑혔다. 시민들은 오바마의 매력을 공감능력으로 꼽았다. 2013년 오바마의 미 국방대 연설 사례는 그의 공감능력이 얼마나 뛰어난지를 잘 보여준다.

당시 오바마는 '9·11 테러' 이후 12년 만에 미국의 테러정책의 변화를 발표하던 중이었다. 그런데 반전운동가 중 한 사람이 계속 반대 구호를 외치며 오바마의 연설을 방해했고, 결국 연설이 세 차례나 중단되었다. 오바마는 원고를 덮고 그에게 말했다.

"당신이 주장하는 많은 부분에 저는 동의하지 않습니다. 하지만 당신의 목소리는 충분히 들어볼 가치가 있다고 생각합니다. 기꺼이 말할 기회를 드리겠습니다."

반전운동가는 미국의 테러정책에 대한 온갖 비판을 쏟아냈다. 1주일 후, 그는 영국 가디언지에 실은 칼럼에서 자신의 말을 들어 준 오바마에게 감사의 뜻을 표했다. 이 일로 오바마는 미국의 정책을 반대하던 이들에게도 신임을 얻게 되었다.

미래에 필요한 인재는 공감형 인재

4차 산업혁명시대는 홀로 두각을 나타내려는 경쟁형 인재보다는 타인과 협력하는 공감형 인재들의 시대가 될 것이다. 사회가 다변화되면서 다양한 생각의 차이를 조율하고, 상대의 감정까지 헤아릴 줄 아는 리더가 필요하기 때문이다.

2018년 한국고용정보원KEIS 보고서는 "10년 후 국내 일자리의 60퍼센트가 로봇과 AI로 대체될 것"이라는 전망을 내놓으며 "인공지능이 인간의 일자리를 가져가지만 공감능력을 필요로 하는 일만큼은 절대로 가져가지 못할 것"이라고 발표했다.

인공지능을 갖춘 로봇이 담당할 대표적인 분야로 교육과 의료, 법률 분야가 꼽힌다. 의료계에선 이미 AI의사 왓슨이 병을 진단하고, 처방을 내리고, 수술하며 인간 의사보다 신속하고 정확하다는 평가를 받고 있다. 하지만 아픈 이들을 돌보고 그들의 감정에 공감할 수 있는 건 결국 인간 의사만이 할 수 있는 일이다.

AI변호사 '로스'도 판례 분석 등의 업무를 눈부신 속도로 처리하고 있지만 의뢰인과 공감하기, 상황 변화에 창의적으로 대응하기 등의 일은 아직 요원하다고 한다. 교육의 경우에도 새로운 지식을 전달하는 건 AI교사가 더 잘할 수 있을 것이다. 그러나 학생들의 고민을 들어주고 함께 감정을 나누는 건 인간 교사만이 할 수 있다.

그러나 안타깝게도 우리의 교육 현실은 공감능력을 키우는 데 매우 열악한 환경에 있다. 입시중심의 교육, 옆 친구와의 경쟁에서 이겨야만 살아남을 수 있는 내신제도에서 공감능력을 기르기는 쉽지 않다. 실제로 한국교육과정평가원KICE이 선진국 청소년과 한국 청소년들이 타인에게 공감하는 정도를 비교·조사한 결과, 우리나라 청소년들의 공감도가 매우 낮다고 보고했다. '타인을 이해하고 존중하는 걸 배우고 실천한다'는 물음에 프랑스·영국 학생들은 60퍼센트가 '그렇다'고 대답했지만, 우리는 16퍼센트만이 '그렇다'고 대답했다.

《사피엔스》의 저자 유발 하라리Yuval Noah Harari는 "인간은 좀 더 인간다운 일에 집중할 수 있을 때 AI와의 경쟁에서 살아남을 수 있을 것"이라고 주장하면서 "지금까지는 똑똑하고 유능하지만 주위 사람들을 살필 줄 모르는 사람도 사회적으로 성공하고 출세할 수 있었지만, 이제 앞으로 10년만 있으면 이런 사람들이 AI로 대체될 가장 적합한 유형"이라고 말했다.

08

정보형 질문과 성찰형 질문

A 나는 우리 반에서 몇 등이나 할까?
내 영어 점수는 몇 점이나 될까?

B 나는 무엇을 향해 가고 있는가?
나는 어떤 사람인가?

우리는 질문의 답을 외부에서 찾기도 하고, 내부에서 찾기도 한다. 질문 A가 구하는 것이 외부로부터 온 자신에 대한 답이라면, 질문 B가 구하는 것은 내부로부터 온 깨달음이다. 정보는 외부로부터 얻는 답이고, 깨달음은 내부로부터 얻는 답이다. A형을 정보형 질문, 외향성 질문이라고 하고, B형을 성찰형 질문, 내향성 질문이라고 한다. 내부로부터 발생한 성찰형 질문은 자신과의 대화이며 나를 키우는 질문이다.

성찰형 질문은 내가 나에게 하는 질문으로 자기 자신을 알아차리는 메타인지metacognition 질문이다. 사람은 누구나 자기 자신의 감정, 가치, 이상 등을 알고 잘잘못을 판단하고 나서야 자신을 성장시킬 수 있는 답을 얻을 수 있다.

인간은 감정으로 자기 안의 진실과 대면할 수 있다. 우리가 세상을 보는 시점은 순전히 감정에 의해 좌우된다. 그러므로 감정을 얼렁뚱땅 속이려 하지 말고, 있는 그대로 알아차려야 한다. 즉 자신의 감정과 솔직히 대면하는 것이 중요하다. '어떻게 하면 좋을까?'라고 물으며 긍정적인 방향으로 나아가는 것이 바로 성찰형 질문이고 내향성 질문이다.

대부분의 사람들은 문제가 생겼을 때 바깥에서 답을 찾으려고 한다. '사람들은 나를 어떻게 생각할까?', '나는 부자인가, 아닌가?' 그래서 사람들을 만나 물어보고 성적표나 통계표를 보며 확인한다. 그러나 나에 대한 답은 나의 내부에 있다. 문제가 생겼을 때 자기 자신에게 질문하는 것이 가장 빠른 길이다. 세상에 자기보다 자기 자신을 잘 아는 사람이 어디 있겠는가.

인간은 스스로 질문할 줄 안다는 점에서 동물과 다른 존재이다. 우리는 곤경에 빠지면 '어떻게 하면 좋을까?', '어떤 일을 먼저 할까?'와 같은 질문들을 무의식중에 스스로에게 한다. 자신의 내부를 향해 던지는 이런 자기 질문self questioning은 반복된 습관과 무의식적인 행동에 제동을 걸고 자신과 자신의 신념체계에 대해 깊이 생각할 시간을 제공한다. 자기 질문을 많이 하는 사람은 자신이 어떤 사람인지를 발견하게 된다. 자기에게 던지는 성찰형 질문에 서툰 사람은 자신이 누구인지 평생 모른 채 죽어갈 수도 있다.

성찰형 질문이 좋은 인생을 만든다

사람에게는 자신의 문제를 정확하게 아는 용기가 필요하다. 문제가 발생했을 때 자기와 대화를 나누어야 문제를 발견할 수 있다. 그리고 문제를 발견해야만 올바른 처방을 내릴 수도 있고 고칠 수도 있다. 자신과의 대화를 외면하는 사람은 성찰의 기회를 놓친다. 외부에서 주어지는 질문에만 답하고 사는 사람보다, 내부에서 일어나는 질문을 가지고 사는 사람이 더 적극적인 삶을 산다. 인생을 잘 살기 위해서는 성찰형 질문의 달인이 되어야 한다.

성찰형 질문을 하려면 애매한 감정을 핵심 질문으로 바꾸어야 한다. 예를 들어 '이런 관행은 잘못이 아닌가?'와 같은 질문을 자신에게 물을 때 우리는 비로소 현재 상황을 조금씩 개선하여 결과를 바꾸는 힘을 얻게 된다.

대부분의 사람들이 자기 자신에 대한 질문은 하지 않는다. 자신의 신경을 건드릴 수 있는 질문들을 한다는 게 불편하기 때문이다.

그러나 자신의 내면에서 들리는 소리를 외면하면 자신을 이해하고 발전할 기회를 잃어버리게 된다. 모든 변화는 마음에서 시작된다. 자기 질문은 무의식적이고 잘못된 자기 가치에 제동을 걸고 자신의 신념체계에 대해 깊이 생각할 기회를 준다.

예일대학교의 스탠리 밀그램 교수는 그의 저서《권위에 대한 복종》에서 어른의 기준을 다음과 같이 제시한다.

> 어른이란 나이를 먹고, 신체적으로 성숙하고, 경제적으로 독립할 수 있는지가 아니라 자신의 내부에서 들려오는 자기 질문을 듣고 답변할 수 있는 사람이다.

《습관의 힘》의 저자 찰스 두히그Charles Duhigg는 "새로운 변화가 우리의 습관이 되기까지는 최소 67일이 걸리고, 그 습관이 좋은 인생을 만들어내기까지는 10년이 걸린다"라고 말하면서 "자기 자신에게 질문하는 성찰형 질문은 좋은 습관이며, 좋은 인생을 창조하는 지름길"이라고 주장한다.

아무리 바빠도 자신을 지키는 생각의 시간을 가져야 한다. 그 생각하는 시간은 자신을 향한 성찰형 질문을 생성하는 시간이다. 육체의 근육을 키우려면 운동을 해야 하듯이, 정신의 근육을 키우기 위해서는 생각을 해야 한다. 그 생각이 질문의 형태로 떠오를 때 비로소 심리적 어른이 될 수 있다.

09

나쁜 질문과 좋은 질문

A

-실력이 그것밖에 안 되니?

-너희 회사는 왜 그리 월급이 적어?

-쥐꼬리만 한 당신 월급은 언제 올라요?

B

-어떻게 하면 흑인과 백인이 사이좋게 살 수 있을까?

-어떻게 하면 남북이 통일되어 서로 사랑할 수 있을까?

-왜 지구의 절반이 굶주리게 되었을까?

만약에 당신이 A형 질문을 받은 적이 있다면 당신은 질문한 사람과 결별했거나 결별을 준비하고 있을 것이다. A형 질문은 무시하는 질문, 망신 주는 질문, 힐난하는 질문으로 인간관계를 파괴하기 때문이다. A형은 나쁜 질문의 대표적인 예이다.

반면에 B형 질문을 받은 적이 있다면 당신은 질문한 사람을 신뢰하고 존경할 것이다. B형 질문은 인간관계에 신뢰를 보여주는 아름답고도 좋은 질문이기 때문이다. 한번 오고가는 좋은 질문과 답변은 열 마디의 웅변보다 강한 유대감을 만들어준다. 그러나 오고가는 질문이 나쁠 때 두 사람의 관계는 해체된다.

세상에는 좋은 질문을 입에 달고 사는 사람과 나쁜 질문을 입에 달고 사는 사람이 있다. 전자에게는 사람들이 모이고, 좋은 인생이 기다린다. 그러나 후자에게는 사람들이 떠나고 고독과 외로움, 불운만 기다릴 뿐이다.

아름다운 질문을 하는 사람은 언제나 아름다운 답을 얻는다. 아름다운 인생을 위해 좋은 질문을 연습할 필요가 있다. 좋은 질문과 나쁜 질문을 생성해내는 원칙에는 다음과 같은 것들이 있다.

좋은 질문을 생성하는 여덟 가지 원칙

① 진정한 관심을 가지고 질문한다.

② 상대방의 입장과 능력을 고려해서 질문한다.

③ 의견을 구하는 방식으로 질문한다.

④ 문제해결에 도움이 되는 긍정적인 질문을 한다.

⑤ 비난이나 추궁이 아닌 공감의 자세로 질문한다.

⑥ 상대방을 주인공으로 대하면서 질문한다.

⑦ 상대방에게 생각할 기회를 제공하며 질문한다.

⑧ 편안한 분위기를 조성하는 표정, 목소리, 자세로 질문한다.

나쁜 질문을 생성하는 여덟 가지 원칙

① 수치심을 느끼게 하는 비난성 질문을 한다.

② 상대의 입장과 능력을 고려하지 않은 일방적인 질문을 한다.

③ 양자택일을 요구하는 강요성 질문을 한다.

④ 문제해결에 도움이 되지 않는 감정적 질문을 한다.

⑤ 억압적인 분위기에서 따지는 심문식 질문을 한다.

⑥ 변명과 거짓말을 요구하는 유도 질문을 한다.

⑦ 두 가지 질문을 동시에 던지는 복잡한 질문을 한다.

⑧ 건성으로 던지는 뻔한 질문을 한다.

질문하는 아이로 키우는 엄마표 독서수업

5

엄마 아빠랑 놀면서 하루 15분 질문놀이

우리 아이를 질문천재로 키우려는 부모는
두 가지 허들을 준비해야 한다.
좋은 질문 생성하기와 현명한 답변 준비하기.
질문과 답변 놀이를 즐기는
부모와 자녀보다 더 흐뭇한 장면이 세상에 또 있을까?

01

TV를 바보상자에서 교육상자로

왜 그랬을까?

"어린이는 1주일에 한 번만 오세요."

'즉석 음식이 어린이 비만을 부추긴다'라는 연구발표가 나오자, 맥도날드 프랑스 지사는 맥도날드 점포마다 이런 문구를 내걸었습니다. 그래서 프랑스 어린이들은 1주일에 한 번만 맥도날드에 갈 수 있게 되었습니다. 그리고 1년 후에 이상한 일이 벌어졌습니다. 프랑스에서 맥도날드의 판매량이 이전보다 45퍼센트가 늘었다고 합니다.

텔레비전에서 이런 뉴스가 나온다면 아이의 추리력, 문제해결력, 경제적 사고력을 기르기에 딱 좋은 날이다. 부모가 먼저 다음과 같은 질문으로 이야기를 시작하며 아이의 답변을 이끌어보자. 이 질문이 끝난 다음에는 부모와 아이가 스스로 질문을 만들어 묻고 답변하다 보면 아이들의 질문지능은 더 높아진다.

+ 질문놀이

① 맥도날드 사장은 왜 이런 문구를 내걸었을까? 맥도날드 사장이 되어 그 이유를 말해볼까?

② 더 많이 사 먹게 된 이유는 무엇일까? 프랑스 어린이가 되어 사 먹은 이유들을 생각나는 대로 말해볼까?

③ 더 많이 팔리게 된 걸 보면서 맥도날드 사장은 어떤 생각을 했을까?

④ 만약에 내가 맥도날드 사장이라면 앞으로 어떤 방향으로 사업을 이끌어 갈까?

압력밥솥의 비밀

○○전자에서 만든 압력밥솥이 폭발하는 사고가 발생했습니다. ○○전자는 문제가 발생한 밥솥을 곧바로 리콜하기 시작하면서 혹시 사람들이 리콜하는 것이 귀찮아 밥솥을 가져오지 않을까봐 우려되어 '밥솥을 리콜하면 5만 원씩을 준다'고 발표했습니다. 그런 일이 있고 난

후, 이 회사 밥솥 매출이 54퍼센트 상승하는 일이 일어났습니다.

이런 뉴스는 추리적 사고, 도덕적 사고, 경제적 사고력을 기를 수 있도록 돕는다. 먼저 부모가 아래의 질문을 하면서 아이의 답변을 들어보자. 그리고 아이의 답변에 미진한 부분이 있으면 자신의 생각도 들려주면서 답변의 내용을 보충하면 질문지능과 함께 타인을 이해하는 능력까지 기를 수 있다.

✚ 질문놀이

① 회사 사장님은 왜 5만 원씩을 주면서까지 리콜을 받았을까? 사장님의 마음속에 있는 이유를 세 가지쯤 짐작해볼까?

② 그 뉴스를 본 일반 시청자들은 어떤 생각을 했을까?

③ 그 후, 회사의 밥솥은 왜 더 많이 팔렸을까?

④ 이 사건을 보고 어떤 생각이 들었어?

⑤ 이 뉴스가 사업을 하는 사람들에게 어떤 영향을 끼칠까?

할머니의 하소연

서울 강남구 ○○파출소는 시골에서 올라온 80대 할머니 한 분을 보호하고 있습니다. 할머니는 지난달에 이사한 아들네 집을 찾아왔는

데, 할머니가 가지고 있는 아파트 이름과 같은 아파트가 없어서 하루 종일 헤매었다고 합니다. 경찰이 할머니와 함께 문제의 아파트를 찾았지만 끝내 찾을 수 없었습니다. 할머니가 아들이 전화로 불러주는 대로 적었다는 아파트의 이름은 '아주까리빌 머루다래앙'이었는데, 경찰 조사에 의하면 이런 아파트 이름은 현재 우리나라에 없는 것으로 밝혀졌습니다.

우리나라 아파트 이름에 외국어가 많아졌다. 예전에는 장미아파트, 진달래아파트 등 우리가 금방 알 수 있는 한글 이름들이 많았는데, 언제부터인가 외래어 이름이 나타나더니 이제는 아파트에서 한국어를 찾아보기 힘들 정도다.

이런 현상에 대해 건설회사의 홍보부는 입을 모아 이렇게 답변했다. 아파트 이름을 외국어로 짓는 이유는 그런 아파트가 더 잘 팔리기 때문이라고. 이런 뉴스를 대했을 엄마들은 아이들의 두뇌 속에 뭉게구름과 같은 질문이 일어나도록 자극해야 한다. 다음과 같은 기본 질문 후에 엄마와 아이가 스스로 질문을 만들어 주고받으면서 외래어 남용의 사회적 문제를 생각해보자. 비판적 사고력과 문제해결력을 높일 수 있다.

✚ 질문놀이

① 왜 사람들이 외국어 이름의 아파트를 더 좋아하게 되었을까?

② 외국어로 된 아파트 이름이 많아지면 누가 가장 불편할까?

③ 외국어 이름을 단 건물이 점점 늘어난다면 한글의 미래는 어떻게 될까?

④ 네가 미래에 시장이나 건설부장관이 된다면 아파트나 건물의 이름에 대해 어떤 정책을 펴는 게 좋을까?

TV는 교육상자

'TV는 바보상자'라는 말이 있다. 그건 TV 활용을 모르는 사람들이 하는 말이다. TV는 '교육상자'이다. TV는 학교에서 가르치지 못하는 세상의 모습을 빠르게 알려주는 매우 똑똑한 선생님이다. 특히 TV 드라마는 현대사회의 변화하는 모습을 가장 민첩하게 반영한다. 전통적인 지식을 적어놓은 교과서와 참고서로서는 도저히 따라갈 수 없는 사회변화의 모습을 생생하게 담아낸다.

그중에서 가장 자주 반영되는 것이 사랑과 결혼 문제이다. 사랑과 결혼이 우리의 행복과 불행을 결정짓는 가장 큰 요소인 것은 분명하지만, 왜 그런지 가르쳐주는 학교도 교과서도 없다. 이런 현실 속에서 싫든 좋든 TV드라마가 온 국민의 사랑과 결혼 교과서가 되고 있다. 물론 너무 수준이 낮은 일명 '막장극'도 많지만 가끔 아이들과 볼 수 있는 드라마나 영화도 있다. 이런 드라마나 영화가 방영되는 날은 아이들에게 사랑과 결혼을 가르쳐줄 절호의 기회가 된다. TV 드라마를 보면서 다음과 같은 질문놀이를 하면 비판적 사고, 상상력, 판단력, 창의적 문제해결력까지 기를 수 있다.

✚ 질문놀이

① 드라마, 영화 속의 행복한 사람은 왜 행복하게 되었는지, 불행한 사람은 왜 불행하게 되었는지 생각해볼까?

② 저 작품을 만든 작가나 감독은 시청자에게 어떤 이야기가 하고 싶어서 작품을 만들었을까?

③ 왜 노인과 젊은이, 부모와 자식들은 서로 생각이 다른 경우가 많을까? 이럴 때 서로 미워하지 않고 행복하려면 어떻게 해야 할까?

④ 법과 도덕에 어긋나는 사람은 왜 슬픔과 불행을 가져오는 일이 많을까?

⑤ 만약에 네가 어른이 되어 결혼한다면 어떤 사람을 선택하겠니?

⑥ 네가 나중에 부모가 된다면 넌 자녀가 어떤 사람과 결혼하기를 바라겠니?

02

명절날의 덕담놀이

새해와 덕담

'새해' 하면 떠오르는 일들이 있다. 새 옷 입고, 떡국 먹고, 나이 한 살 먹고 그리고 세배하고 세뱃돈 받는 일이다. 또 빼놓을 수 없는 것은 어른들로부터 "올해는 이러저러한 사람이 되라"는 덕담 듣기이다.

이런 일들은 아주 옛날 할아버지의 할아버지의 할아버지 때부터 지금까지 계속되고 있는 우리나라의 전통적인 풍습이다. 새해 아침이 지난 뒤 한가한 시간에 새해에 들었던 덕담을 자료로 아이와 질문놀이를 하면 아이의 정체성 형성에 도움이 된다.

✚ 질문놀이

① 새해에 할아버지나 할머니에게 들은 덕담은 무엇이지? 할아버지 할머니는 왜 네게 그런 덕담을 하셨을까?

② 아빠에게 들은 덕담은? 엄마에게 들은 덕담은? 아빠 엄마는 왜 그런 덕담을 네게 했을까?

③ 친척 어른들에게 들은 덕담은? 그분들은 왜 그런 덕담을 하셨을까?

④ 어른들께 들은 덕담을 분석하고, 부모님과 가족들은 네가 어떤 사람으로 자라기를 바라는지 생각해볼까?

⑤ 너는 지금까지 어떤 아이였을까? 앞으로 어떤 사람이 되어야 할까?

⑥ 너도 가족이나 친척들에게 멋진 덕담을 해보렴.

대가족과 핵가족

요즘 신문이나 텔레비전에는 '노인문제'라는 말이 자주 나온다. 할 일이 없는 노인들, 생활비가 부족한 노인들이 자살하는 경우도 있다. 노인들이 행복하게 살아갈 방법은 무엇일까? 그분들도 젊은 시절엔 열심히 일했고, 자식들 키우느라 고생고생 하신 분들일 것이다. 행복하게 살 권리가 있다.

이런 문제에 대해 아이들과 다음과 같은 질문놀이를 한다면 가정에서 노인문제를 해결하는 데 도움이 될 것이다.

✚ 질문놀이

① 할머니, 할아버지와 함께 살면 어떤 점이 좋을까? 엄마와 함께 각각 다섯 가지 이상 찾아 종이에 적어볼까?

② 할머니, 할아버지와 함께 살면 불편한 점은 무엇일까? 엄마와 함께 각각 다섯 가지 이상 찾아 종이에 적어보자.

③ 엄마가 찾은 것과 네가 찾은 것을 비교하고, 의견이 다른 부분을 찾아보며 왜 그런 차이가 있는지 생각해보자.

④ 젊은 사람들은 '노인들은 잔소리쟁이'라고 생각해. 그분들이 왜 잔소리를 하는 것인지 노인의 입장에서 상상하여 말해볼까?

⑤ 노인들은 '젊은 애들은 버릇이 없어'라고 말해. 젊은이는 왜 버릇없게 보이는 것인지 노인들에게 알려줄 말을 준비해보자.

송편과 만두

나라마다 독특한 음식이 있다. 그런데 알고 보면 서로 비슷한 음식도 있다. 또 명절마다 먹는 음식이 다르다. 설날에는 떡국, 추석에는 송편, 그믐날에는 팥죽, 대보름에는 아홉 가지 나물과 오곡밥, 단오에는 수리떡을 먹는다. 명절 전날에 아이와 함께 음식을 준비하며, 다음과 같은 질문놀이를 해보면 어떨까? 아이들의 관찰력,

비교능력, 분석능력, 창의력이 높아질 것이다.

✚ 질문놀이

① 송편과 만두의 비슷한 점과 다른 점은?

② 식혜와 콜라의 비슷한 점과 다른 점은?

③ 빈대떡과 피자의 비슷한 점과 다른 점은?

④ 떡과 케이크의 비슷한 점과 다른 점은?

⑤ 팥죽과 수프의 비슷한 점과 다른 점은?

가계도 그리기

할아버지 할머니와 아버지, 외할아버지 외할머니와 어머니, 그리고 그 사이에서 태어난 자식들의 관계를 그린 것이 가계도이다. 아이에게 이런 가계도를 그리게 하는 일은 논리를 시각화하는 방법이 된다. 논리를 시각화하면 쉽게 논리지능이 높아진다.

명절이 오면 일가친척을 만나게 된다. 친가와 외가의 친척들을 만나지만 정확한 촌수를 몰라 '대구 할머니' 혹은 '서울 아저씨' 등 사는 곳의 이름을 앞에 붙여 호칭하는 경우가 많다. 이런 경우 엄마와 아이가 함께 가계도를 그리면 정확한 촌수를 알게 될 뿐만 아니라 논리지능까지 높아진다.

✚ 질문놀이

① 할아버지의 동생을 부르는 호칭은?

② 아빠의 형을 부르는 호칭은?

③ 아빠의 여동생을 부르는 호칭은?

④ 엄마의 남동생을 부르는 호칭은?

⑤ 엄마의 아버지 어머니를 부르는 호칭은?

⑥ 삼촌의 아들은 너와 몇촌일까?

⑦ 이모의 딸과 너는 무슨 사촌일까?

조부모를 행복하게

"노인이 행복을 느낄 때는?"

미국의 한 노인연구소가 이런 질문을 노인 10만 명에게 했다. 그 결과, 1위가 손주들에게 자기 어린 시절 이야기를 들려줄 때였다. 2위가 자식들이 자기를 필요로 해줄 때, 3위가 자녀에게 용돈을 받을 때였다. 이 통계의 배경은 미국이지만 한국의 노인들이라고 별반 다르지 않을 것이다.

누구에게나 이야기가 있다. 손자 손녀가 할아버지 앞에 앉아서 할아버지의 어린 시절을 듣는다면 할아버지는 황홀할 것이다. 손자가 쓴 자신의 이야기를 읽는 할아버지 할머니는 더욱 행복할 것이다. 할아버지와 할머니를 행복하게 하는 질문에는 다음과 같은 것들이 있다. 아이에게 직접 아래와 같이 질문하도록 시켜보자.

✚ 질문놀이

① 할아버지, 할머니는 어렸을 때 무슨 과목을 잘하셨나요?

② 할아버지, 할머니는 어렸을 때 꿈이 뭐였어요?

③ 할아버지는 어렸을 때 별명이 뭐였어요?

④ 할아버지와 할머니는 어떻게 만나 결혼하셨어요?

⑤ 누가 먼저 결혼하자고 했나요?

⑥ 우리 아빠, 엄마는 어렸을 때 어떤 아이였어요?

⑦ 우리 엄마, 아빠가 어떻게 했을 때 제일 기쁘셨나요?

⑧ 우리 엄마, 아빠의 어렸을 때 버릇 하나만 가르쳐주세요.

03

밥상머리에서 언어예절 배우기

말투가 사람이야

"속상해 죽겠네."

"할 수 없지, 뭐."

"오케이."

누가 이런 말을 하루에도 수십 번씩 한다면 그것은 그 사람의 말투이다. 사람들은 말투를 보고 그 사람을 판단한다. 상스러운 말을 쓰는 사람을 보면 곧 '교양이 없다'라고 판단하고, 고상하고 품격 높은 말을 하는 사람을 보면 '교양이 높다'라고 판단한다. 그래서 '생각이 말을 만들고, 말이 행동을 만들고, 행동이 습관을 만들고, 습관이 운명을 만든다'는 격언까지 생겨났다.

그런데 한번 굳어진 말투는 고치기가 힘들다. 밥상머리는 이런 말투에 대한 이야기를 나누기에 가장 좋은 장소이다.

✚ 질문놀이

① 엄마에게는 어떤 굳어진 말투가 있을까?
왜 이런 말투가 생겼을까?
말투로 미루어 보아 지금 엄마의 행복지수는 어느 정도일까?

② 아빠에게는 어떤 굳어진 말투가 있을까?
왜 이런 말투가 생겼을까?
말투로 미루어 보아 지금 아빠의 행복지수는 어느 정도일까?

③ 나에게는 어떤 굳어진 말투가 있는가?
왜 이런 말투가 생겼을까?
말투로 미루어 보아 지금 나의 행복지수는 어느 정도일까?

돌려 말하기

"어머, 뒤에서부터 1등이네."

이렇게 돌려 말하면 듣기에 그리 거북하지 않다. 그러나 당사자는 알아듣는다. 사람들에게 인기 있는 사람은 대개 직접 말하기보다는 돌려 말하기를 잘한다. 돌려 말하기는 조롱하기와는 확연히 구분되는 말하기이다. 조롱하는 말하기는 비꼬고 무시하고 놀리는 말하기라면, 돌려 말하기는 애정을 담아 단점을 알려주는 말하기이다. 다음과 같이 돌려 말하기 연습을 하면 언어예절은 물론, 우정과 창의성까지 자라게 된다.

✚ 질문놀이

① '입이 싼 친구'에게 그 사실을 알려주고 싶은데, 어떻게 돌려 말하면 좋을까?

② '싸움대장'에게 충고하고 싶을 때는 어떻게 돌려 말하면 효과가 있을까?

③ '거짓말을 잘하는 친구'에게 어떻게 돌려 말하면 효과가 있을까?

④ '너는 욕을 너무 많이 해. 고쳤으면 좋겠어'라는 말을 돌려 말한다면?

⑤ '숙제공책을 빌려 주기 싫을 때' 어떻게 돌려 말하면 친구가 무안해하지 않고 포기할 수 있을까?

⑥ '허풍스러운 친구'의 버릇을 고쳐주고 싶을 때는 어떻게 돌려 말하면 좋을까?

말을 찌그리는 사람들

요즘 우리 동네에 속뜻은 분명 우리말인데 겉이 영어 같은 이상한 간판이 많이 생겼다. '조아 식품', '젤존 빌딩', '타미나 옷집', '두리서 찻집', '나드리 미용실' 등등. 맞춤법을 무시한 이런 찌그러진 말들이 마치 경쟁이라도 하듯 붙어 있다.

초등학교 5학년 어린이가 쓴 '찌그러진 말들'이라는 글의 일부이다. 어느 동네에서나 흔히 볼 수 있는 현상이지만 이 어린이는 왕성한 관찰력과 호기심, 날카로운 비판능력을 가졌기 때문에 이런 글을 쓸 수 있었다. 만약에 관찰력과 호기심이 낮은 어린이라면 그런 간판을 읽으며 아무 생각도 하지 못했을 거고, 비판능력이 낮았다면 재미있다고만 생각했을 것이다.

이 글은 아이에게 질문능력을 키워주려는 엄마에게는 매우 좋은 교재이다. 아래 질문을 할 때 아이가 답을 하나가 아닌, 세네 개씩 말할 수 있다면 상상력이 매우 높은 아이이다.

✚ 질문놀이

① 가게 주인은 왜 맞춤법을 무시한 간판을 만들었을까? 가게 주인의 마음이 되어 답변해보자.

② 그동안 우리말을 찌그린 가게 이름이나 제품명을 볼 때 너는 어떤 생각을 했니?

③ 맞춤법을 무시한 간판들에는 어떤 것들이 있나 길을 걸으면서 알아보자.

④ 우리말을 찌그려서 지은 아이스크림이나 과자 이름에는 어떤 것들이 있을까?

⑤ 한글 맞춤법을 무시한 간판이나 물건 이름이 많아지면 앞으로 국어의 미래는 어떻게 될까?

이치에 맞는 말

"엄마, 그 옷 입으니까 있어 보여요."

"뭐가 있어 보이지?"

"돈요."

"그래? 그럼 돈이 있어 보인다고 해야지. 난 교양이 있어 보이는 줄 알고 기분이 좋았는데."

"에이, 엄만 구식. 우리 친구들은 그러면 다 알아 듣는데."

무심코 쓰는 말 중에 위처럼 구체적 의미가 생략되어 이치에 맞지 않게 들리는 유행어들이 있다. 아이들은 이런 유행어를 무분별하게 받아들이고 사용하는 경우가 많다. 이런 경우 어른들의 반응은 두 가지로 나뉜다. 재미있다고 따라하면서 자신이 신식이라고 생각하는 부모와 잘못된 말임을 깨닫게 해주는 부모이다. 그동안 나는 어떤 부모였을까?

아이가 이치에 맞지 않는 말을 사용한 날은 언어예절과 비판적 사고를 기를 수 있는 좋은 기회이다. 다음과 같은 질문놀이를 하면서 그동안 잘못되었던 언어생활을 되돌아보고, 부모의 품위도 찾아보자.

✚ 질문놀이

① 'ㅇㅇ는 시집가서 잘산대'라고 하면 사람들은 경제적으로 풍족하게 산다는 것만 생각하더라고. 과연 이것이 맞는 해석일까?

② '있어 보이네' 혹은 '잘산다'처럼 사람들이 잘못 사용하는 이치에 맞지 않는 유행어에는 또 어떤 것들이 있을까?

힘 있는 말하기

옛날 이스라엘에는 죄지은 사람을 군중들이 돌로 쳐 죽여도 되는 이상한 법이 있었지요. 어느 날 죄지은 여자를 돌로 쳐서 죽이려고 군중이 모였을 때 예수님이 그 앞을 지나게 되었어요. 예수님이 군중에게 물었어요.

"너희가 어찌 이 여자에게 그리하느냐?"

"이 여자는 큰 죄를 지었습니다. 마땅히 돌로 쳐 죽여야지요."

그러자 예수님이 말씀했어요.

"누구든지 죄 없는 자가 이 여자를 돌로 쳐라."

그러자 사람들은 돌을 슬그머니 내려놓고 돌아갔지요.

말에는 힘 있는 말도 있고, 힘 없는 말도 있다. 위의 예수님의 말은 힘 있는 말의 대표적인 예이다. 얼마나 힘이 있었으면 사람들이 돌을 놓고 갔을까? 역사에서 볼 때 예수, 석가, 공자와 같은 성자나 영웅, 훌륭한 리더들은 말의 힘을 가진 사람들이었다. 사람들은 그들이 했던 말을 신뢰하고 우러러보며 따랐던 것이다. 말의 힘은 어디서 오는 것일까? 아래와 같은 질문놀이를 하며 아이와 주고받다 보면 그 비밀을 알게 될지도 모른다.

✚ 질문놀이

① 사람들이 돌을 놓고 돌아간 이유는 무엇일까? 돌을 들고 있던 사람들의 입장이 되어 말해볼까?

② 시험시간에 남의 것을 보고 쓰다 들킨 아이를 친구들이 놀리고 있을 때, 이 장면을 예수님이 보셨다면 뭐라고 했을까? 내가 예수님이 되어 말해볼까?

③ 친구들과 아이스크림을 먹고 있는데, 옆에서 한 아이가 침을 꼴깍 삼키며 서 있는 것을 보았어. 이 장면을 예수님이 보셨다면 뭐라고 했을까? 다른 아이들이 깨닫도록 말해볼까?

④ 말의 힘은 무엇으로부터 나오는 것일까? 반대로 힘 없는 말은 어떤 특징이 있을까?

⑤ 우리 주위에 힘 있는 말을 하는 사람은 누구일까? 힘 없는 말을 하는 사람은 누구일까? 그렇게 평가한 이유는?

04

쇼핑하며 경제적 사고력 배우기

재래시장에서

재래시장은 경제용어와 비교능력을 길러준다. 재래시장에 가면 '외상', '마수거리', '본전', '현찰거래', '밑지다', '바가지 쓰다' 등등 다양한 경제용어들을 듣게 된다. 또 고등어 한 손, 북어 한 쾌, 김 한 톳, 배 한 접 등등 숫자를 나타내는 다양한 용어들도 들을 수 있다. 이런 단어들은 아이의 어휘력 창고를 풍성하게 해준다.

또, 손님이 많은 가게와 손님이 없는 가게를 보게 되는데, 아이들은 주인의 표정, 물건의 진열방식, 가게의 위치 등을 통하여 그 원인을 분석할 수도 있다. 이런 것은 재래시장이 아니면 배울 수 없는 것들이다. 아이 손을 잡고 천천히 걸으면서 다음과 같은 질문을 하면 아이들의 관찰력, 비교능력, 분석능력, 경제적 사고력, 문제해결력이 길러진다.

✚ 질문놀이

① 저 가게와 이 가게에 들어갔을 때 느낌이 어떻게 달랐니? 왜 그런 차이가 났을까?

② 손님 입장에서 어떤 가게에 더 들어가고 싶었니? 그 이유가 무엇일까?

③ 두 가게는 물건을 쌓아놓은 방법에 어떤 차이가 있었지? 주인의 말씨와 표정은 어떻게 달랐지?

④ 만약에 네가 가게 주인이 된다면 어떻게 할지 생각을 말해볼까?

⑤ 재래시장을 사람들이 많이 찾게 하려면 어떤 점을 고쳐야 할지 말해볼까?

백화점과 대형마트에서

백화점은 사람들을 유혹한다. 수많은 물건들로 유혹하고 화려한 인테리어로 유혹하면서 '소비하라'고, '손님은 왕'이라고 외친다. 특히 비판정신이 낮은 아이들에게 백화점은 부정적인 영향을 끼치기 쉬운 곳이다.

한 연구에 의하면 유아시절에 백화점에 자주 다닌 아이들은 물질중심적 사고를 하게 되고, 낭비벽이 생겨서 바람직한 경제활동을 하는 데 방해가 된다고 한다. 그래서 '유아와 어린이, 청소년들은 백화점에 자주 가지 않는 것이 바람직하다'고 하며, 적당한 횟수는 1년에 한두 번 정도라고 한다.

백화점에 갈 때는 다음과 같은 질문을 하며 백화점의 속성을 스스로 깨닫게 해주는 것이 좋다. 또 대형마트에 가면 아이들은 백화점과 다른 물건 진열방식을 보며 생각하게 된다. 대형마트에서 하면 좋은 질문은 ⑥, ⑦, ⑧번이다.

✚ 질문놀이

① 백화점에는 왜 창문이 없을까?

② 백화점에는 왜 시계를 걸어놓지 않을까?

③ 백화점에는 왜 할인행사를 1년 내내 하는 것일까?

④ 백화점의 물건 값은 왜 재래시장의 물건 값보다 비쌀까?

⑤ 백화점은 왜 유명배우를 통하여 홍보할까?

⑥ 같은 물건이라도 왜 백화점은 비싸고 할인마트는 쌀까?

⑦ 대형 할인마트는 물건을 묶음으로 파는데, 왜 그럴까?

⑧ 낱개로 살 때와 묶음으로 살 때 어떤 장단점이 있을까?

05

부엌에서 요리하며 어휘놀이 하기

소리흉내말, 모양흉내말, 느낌흉내말

부엌은 모양, 색깔, 소리, 맛을 나타내는 형용사를 배우기에 좋은 장소이다. 예를 들어 팥죽을 끓이고 나면, 새알 수제비 모양을 표현하고 끓는 소리와 모습을 생생하게 표현할 수 있다. '보글보글', '부글부글', '뽀글뽀글', '부그르르', '뽀그르르' 등 많은 표현이 나온다. 이런 소리들을 정확하게 표현해보는 것은 어휘력 공부의 큰 수확이다.

한국이 만든 뮤지컬 〈난타〉는 부엌에서 나는 소리와 행동으로 만든 작품으로 유명하다. 도마질 소리에서의 질서감 있고 빠른 템

포와 행위에 한국의 전통가락인 사물놀이 리듬을 곁들인 난타의 리듬은 정말 신나고 흥겹다.

다음은 부엌에서 보고, 들을 수 있는 채소와 과일, 요리들을 재료로 만든 질문놀이이다. 소리흉내말과 모양흉내말, 느낌흉내말을 사용하여 표현해보자.

✚ 질문놀이

① 오이를 만질 때 손에 느껴지는 촉감을 말로 표현해볼까?

② 밀가루를 만질 때 손에 느껴지는 촉감을 말로 표현해볼까?

③ 가지를 만질 때 손에 느껴지는 촉감을 말로 표현해볼까?

④ 무생채 써는 소리는 어떻지?

⑤ 빈대떡 부치는 소리는 어떻지?

⑥ 된장찌개 끓는 소리는 어떻지?

⑦ 완두콩과 강낭콩의 모양과 색깔을 비교해볼까?

⑧ 감자와 고구마의 맛을 비교해볼까?

⑨ 냉수와 숭늉의 맛과 빛깔을 비교해볼까?

요리와 창의놀이

요리에서 얻을 수 있는 최대의 보물은 창의력이다. 요리는 여러 가지 재료를 가지고 맛을 창조하는 예술이다. 같은 된장찌개를 끓여도 맛은 항상 다르다. 재료의 종류, 양, 조리방법에 따라 매번 다른 맛이 난다.

아이들은 어른보다 더 창의적으로 요리한다. 한번 해보라고 하면 엄마가 하는 대로 하지 않고 자기 멋대로 한다. 이 멋대로가 아이들의 특징이다. 이때 칭찬을 하면 아이들의 창의력이 자극을 받아 더욱 활발해진다. 프랑스 속담에 '요리 잘하는 사람은 창의적'이라는 말이 있다. 그렇다. 요리는 분명 '창의적인 예술'이다.

아이들이 부엌에 들어오면 어질러 놓는다고 화를 내는 엄마가 있다. 또 어떤 엄마는 설거지만 시킨다. 아이들에게 요리를 시켜보면 어떨까? 창의력을 키워주는 훌륭한 엄마가 될 수 있다.

✚ 질문놀이

① 요리를 왜 예술이라고 부를까?

② 네가 할 수 있는 요리가 있다면, 오늘 한번 해볼래?

③ 네가 하고 싶은 요리는 무엇이니? 오늘 한번 해볼래?

06

생일잔치를 독서잔치로

생일은 이렇게

조선시대에는 자식이 서당에서 책 한 권을 떼는 날이면 부모가 떡 한 시루를 해서 서당으로 가져가는 '책거리' 풍습이 있었다. 그러면 서당 선생님은 그 떡을 학생들에게 골고루 먹이고 아이들은 책을 뗀 아이를 축하해주었다. 이 책거리를 본뜬 것이 독서잔치이다.

음식과 선물로 치르는 요즘의 생일잔치보다 예전의 책거리를 본뜬 독서잔치를 해보는 건 어떨까? 독서잔치는 책 읽을 기회를 제공하고, 질문을 만드는 능력을 개발하는 등, 기본적인 경험 외에도 깊이 읽기 능력, 비교능력, 창의적 문제해결력 등을 기르게 한다. 독서잔치를 하는 데 필요한 준비는 다음과 같다.

✚ 질문놀이

① 친구들에게 보낼 초대장을 준비한다. 미리 읽고 올 책을 정해서 초대장에 쓴다.

책 속에서 질문 2~3개씩을 준비해 오게 한다. 퀴즈도 좋다

자기가 준비한 질문의 답을 3개 이상 준비해 오라고 쓴다.

책을 읽지 않은 사람은 참가하지 않아도 좋다고 쓴다.

② 진행하는 방법은 다음과 같다.

차례를 정하여 질문하고 답변을 나눈다.

이때 친구들의 질문에 가장 좋은 답변을 다양하게 내놓은 아이가 박수를 받는다.

그 아이에게 생일의 주인공이 선물을 준다.

③ 독서잔치 후에 시간이 남으면 속담놀이 등 다른 활동도 한다.

속담으로 말하기

속담은 옛날부터 전해오는 교훈이 담긴 말이다. 우리가 누군가와 대화할 때 속담을 인용하면 나의 뜻을 보다 확실하게 전달할 수 있다. 속담은 개인이 만든 게 아니라 많은 사람들의 입에서 입으로

전해 오는 말이기 때문에 짧은 문장 속에 큰 진리가 들어 있다. 그 말 속에 진리가 담겨 있지 않다면 그렇게 오랫동안 사람들이 사용했을 리가 없을 것이다.

생일날 모인 친구들과 다음처럼 속담놀이를 하면 음식을 먹고 선물을 받는 흔한 파티보다 훨씬 아름다운 기억으로 남을 것이다. 속담놀이를 할 때에는 엄마가 다음과 같은 놀이자료를 미리 준비하여 아이들이 진행하도록 도우면 된다. 초등학교 1~2학년인 경우에는 엄마가 사회자 역할을 할 수도 있다.

✚ 질문놀이

① 친구A: 나는 공부는 열심히 했는데 20점 맞았어.

친구B: 공든 탑이 무너지랴?

② 친구A: 아니야, 난 그런 말 한 적 없어.

친구B: 아니 땐 ________________날까?

③ 친구A: 내가 한 그 말을 누가 선생님에게 전했을까?

친구B: 밤 말은 쥐가 ________________

④ 친구A: 백화점에 가면 좋은 운동화가 많아.

친구B: 그러나 돈이 없으면 그림의 ________________

알고 보니 그렇군요

우리나라를 비롯하여 많은 나라에서는 소고기와 돼지고기를 먹는다. 그러나 인도에서는 소고기를 먹지 않고, 이슬람을 믿는 국가에서는 돼지고기를 먹지 않는다.

그 기원은 이렇다. 인도에서는 소를 신성한 동물로 믿어서 잡아먹지 않는 것이고, 이슬람에서는 돼지가 불결한 우리에서 살기 때문에 사람이 먹으면 병에 걸릴까봐 옛날에 알라가 금지했다고 한다.

이처럼 언뜻 보기에는 이상해 보이지만 알고 보면 고개가 끄덕여지는 관습들이 많다. 우리나라에도 사람들이 금지하거나 꺼리는 관습이 많다. 왜 그런지 생각해보는 놀이를 하면서 상상력과 추리력을 길러보자.

✚ 질문놀이

① "초상집에 간 사람은 잔칫집에 가지 말라." 왜 그랬을까?

응, 그건 ________________________________

② "밥 먹고 바로 누우면 소가 된다." 왜 그랬을까?

응, 그건 ________________________________

③ "아기 낳은 집에는 1주일 동안 사람을 들이지 말라." 왜 그랬을까?

응, 그건 ________________________________

만우절 놀이

1997년 일본의 〈아사히신문〉은 ‘정부 산하기관 연구소가 사람의 말을 통해 속마음을 알 수 있는 기계를 개발, 하시모토 류타로橋本龍太郎 총리가 직접 실험 완료’라는 제목의 기사를 실었다. 기사의 내용에는 ‘하시모토 총리가 주요 여야 정치인의 발언을 기계에 입력해본 결과, 모두 총리를 반대하는 속마음을 갖고 있는데 격노해 총리가 기계사용을 중단시켰다”라는 내용이었다. 그런데 기사의 끝에 ‘오늘은 만우절입니다’라고 덧붙여서 사람들이 배꼽을 쥐고 웃은 사건이 있었다.

만우절은 이렇게 한바탕 웃어보자고 만든 날이다. 이번 만우절에는 어떻게 사람들을 즐겁게 웃게 해볼까? 아이와 함께 〈아사히신문〉처럼 만우절에 관한 재미있는 이야기를 하나씩 만들어보면 어떨까?

✚ 질문놀이

① 엄마를 행복하게 할 거짓말은?

② 아빠를 행복하게 할 거짓말은?

③ 학교에서 짝을 즐겁게 해줄 거짓말은?

④ 우리나라 국민들을 즐겁게 해줄 거짓말은?

비유놀이

"인생은 일기장과 같다. 왜냐하면 많은 이야기가 들어 있으니까."

이 문장은 인생을 일기장에 빗대어 표현한 문장이다. 이처럼 상관없어 보이는 두 낱말을 가지고 빗대어 연결하는 것을 비유놀이라고 한다. 이런 비유놀이는 시를 지을 때 꼭 필요한 기초능력이다. 아이와 함께 다음과 같은 비유놀이를 자주 하면 감성이 자라난다. 놀이를 할 때, 질문은 하나라도 답은 아이들마다 다르다. 이때 아이의 답과 엄마의 답을 비교해보면 아이들은 또 다른 생각들을 배우면서 타인에 대한 이해능력을 갖게 된다.

✚ 질문놀이

① 물은 지우개와 같다.

왜냐하면 ________________________________

② 공부는 한약과 같다.

왜냐하면 ________________________________

③ 노래는 바람과 같다.

왜냐하면 ________________________________

④ 칭찬은 사탕과 같다.

왜냐하면 ________________________________

⑤ 꾸중은 쓴 약과 같다.

왜냐하면 ___________________________________

⑥ (   )는 아이스크림 같다.

왜냐하면 ___________________________________

⑦ (   )은 밥과 같다.

왜냐하면 ___________________________________

07

엄마 아빠의 결혼사진을 보며

부부의 날에

5월 21일은 부부의 날이다. 가정의 달인 '5월에 둘(2)이 하나(1)가 된다'는 뜻이 들어 있기 때문이라고 한다. 이 날은 아이들이 부모님을 인터뷰하기에 딱 좋은 날이다. 아이들이 부모님을 인터뷰하면 부모님을 인간적으로 이해하고 사랑하게 된다.

우리 부모님은 어린 시절에 어떤 아이였을까? 모범생? 개구쟁이? 공부벌레? 혹시 게으름뱅이? 할머니, 할아버지를 인터뷰해도 좋다. 아이들이 다음 질문 중에서 골라 질문한다. 물론 부모는 솔직하게 답변하는 게 좋다. 미화하거나 거짓으로 말하면 아이들은 부모와 거리감을 느끼게 된다. 이 질문의 의도는 우리 부모님도 나와 똑같은 어린 시절이 있었다는 걸 알게 함으로써 친밀감을 높이는 데 있다.

✚ 질문놀이

① 두 분이 처음 만났을 때 어떤 생각이 들었나요?

② 누가 먼저 사랑을 고백했나요? 어떤 말로 고백했나요?

③ 결혼한 후에 가장 어려웠던 일은 무엇이었나요? 행복했던 일은 무엇인가요?

④ 엄마, 아빠 서로의 장점을 말해보아요.

⑤ 엄마, 아빠는 초등학교 때 공부를 잘했나요?

⑥ 엄마, 아빠의 초등학교 때 별명은 무엇이었나요?

⑦ 엄마, 아빠가 부모님에게 가장 자주 들었던 꾸중은 무엇인가요?

⑧ 엄마, 아빠는 나중에 커서 어떤 사람과 결혼하겠다고 생각했나요? 그 소원이 이루어졌나요?

우리 가정의 경제

아버지가 사업에 실패하고 부도가 나자, 집달리가 들이닥쳤다. 그때까지 부인과 아이들은 모르고 있다가 엄마는 기절하고, 아이들은 우왕좌왕… '차마 가족에게 고통을 주기 싫어서 혼자 해결하려고 했다'라고 눈물 흘리는 아버지….

어디서 많이 보거나 들은 듯한 이 스토리는 희생적인 아버지상을 내세워 국민들의 눈물을 쏟게 만든 1990년대 어느 영화의 한 장면이다. 관객들은 이 아버지를 가리켜 한국적인 아버지라고 입을 모았고, 영화도 대박이 났다. 그러나 좀 더 생각해보면 이 아버지는 어리석은 사람이다. 가족에게 미리 알렸더라면 가족들이 나름대로 미리 대비할 수 있는 시간을 가져서 충격을 줄일 수 있었을 텐데, 그는 그런 준비 시간을 빼앗은 현명하지 못한 아버지일 뿐이다.

가정의 일은 가족 모두가 공유하는 것이 좋다. 그러기 위해 가정의 경제상황을 아이들이 질문하도록 유도하면 아이들의 경제관념을 키워줄 수 있다. 특히 빚은 부끄러워하지 말고 공개해야 한다. 그것이 자식에 대한 예의이고 사랑이다. 다음과 같은 질문놀이를 통해 가정의 경제상황을 공유하는 것이 좋다.

✚ 질문놀이

① 아빠, 엄마의 직업과 직책은 무엇인가요?

② 그곳에서 구체적으로 어떤 일을 하시나요?

③ 우리 가정의 수입 총액은 얼마인가요?

④ 어디서 얼마가 들어오나요?

⑤ 우리 가정의 소비 총액은 얼마인가요?

⑥ 소비에서 가장 많이 차지하는 것은 무엇인가요?

⑦ 우리 가정의 부동산 총액(집값이나 전셋값 등)은 얼마인가요?

⑧ 우리 가정의 빚은 얼마인가요? 빚을 갚기 위한 계획은 무엇인가요?

⑨ 우리 가정의 저축 상황은 어떤가요?

우리 집 가훈

학교에는 교훈이 있고, 학급에는 급훈이 있다. 그리고 가정에는 가훈이 있다. 가훈은 조상으로부터 대대손손 내려오는 것도 있지만, 핵가족 시대 이후에는 부모가 정해서 실천하는 경우가 많다. 가훈은 벽에 붙여 놓는 경우도 있고, 마음속에 새기는 경우도 있다. 가훈에 대한 이야기로 부모와 아이가 질문놀이를 하면 가족공동체의 유대가 튼튼해진다.

✚ 질문놀이

① 우리 집 가훈은 뭘까?

② 누가, 언제, 왜 지었을까?

③ 담긴 뜻은 뭘까?

④ 왜 그렇게 지었을까?

⑤ 미래에 네가 결혼하여 가훈을 만든다면 뭐라고 할래?

⑥ 네가 정한 가훈에 담고 싶은 뜻은 뭐니?

⑦ 왜 그런 뜻의 가훈을 지었지?

⑧ 아름답고 훌륭한 가정이란 어떤 가정일까?

나는 분쟁해결사

분쟁은 국가와 국가 사이에만 일어나는 것은 아니다. 가정과 가정 사이에도 일어나고, 가족 사이에도 일어난다. 아이들은 아빠와 엄마 사이에 분쟁이 일어나면 참 힘들다. 거기다 '이혼'이라는 단어까지 튀어나오면 아이들은 갑자기 나락으로 떨어지는 기분이 된다. 만약에 엄마와 아빠 사이에 분쟁이 일어나면 어떻게 할까? 아래의 질문놀이를 통해 엄마와 아빠 사이의 분쟁을 아이가 해결해보도록 이끌어보자.

+ 질문놀이

① 엄마, 아빠는 주로 어떤 문제로 싸우시나요?

② 엄마, 아빠가 싸울 때 너는 어떤 태도를 취하니?

③ 아빠에게 알려줄 엄마의 장점에는 어떤 것이 있니?

④ 엄마에게 알려줄 아빠의 장점에는 어떤 것이 있니?

⑤ 엄마, 아빠를 화해시킬 비법을 너는 몇 가지나 준비할 수 있겠니?

08

어버이날에 효도를 생각하다

도망치는 효자

오이밭에서 잡초를 뽑던 증자는 그만 실수로 오이순을 분질렀어요. 이를 본 증자의 아버지는 아들을 흠씬 때려주었고, 증자는 다리가 아파 누워 있게 되었지요. 그날 밤 아버지가 아들에게 말했어요.

"너를 때려서 미안하구나. 그러나 너에게 분질러진 오이순은 얼마나 아팠겠느냐?"

증자가 다리가 아파 서당을 결석하자 스승인 공자가 아이들에게 그 이유를 물었어요. 아이들은 일제히 '증자는 아버지에게 맞아서 못 온다'라고 말했어요. 그런데 이 말을 들은 공자는 화를 내며 말했어요.

"증자는 불효자구나. 앞으로 내 앞에 얼씬도 하지 말라고 해라."

이 말을 전해 들은 증자는 무척 궁금했어요. 스승이 왜 자기를 불효자라고 하는지 이유를 몰랐으니까요. 그래서 친구를 시켜 그 이유를 알아달라고 했죠. 그러자 공자가 말했어요.

"옛날 고수라는 사람이 있었는데 아들 순은 효자였지. 아비가 때리려고 매를 들면 냅다 도망쳤단다."

"스승님, 도망치는 효자도 있습니까?"

아이들이 묻자, 공자는 웃으며 말했어요.

"자식이 모진 매를 맞으면 아비 속이 얼마나 아프겠느냐?"

이 말을 전해들은 증자는 효가 무엇인지 크게 깨달았습니다.

효도란 무엇일까? 맛있는 음식을 대접하고, 좋은 옷을 사드리고, 용돈을 많이 드리는 것이 '효도'라고 생각하는 사람이 많다. 그러나 공자는 위의 이야기를 통하여 '부모님의 마음을 편하게 해드리는 것이 효도'라고 말하고 있다. 부모가 된 사람들은 이 동화의 뜻을 금방 깨닫는다. 그러나 아이들에게는 아직 어려운 의미이다. 아이들과 함께 읽고 나서 차근차근 순서를 밟아 질문하면 효가 무엇인지 아이들도 이해할 수 있을 것이다.

+ 질문놀이

① 공자님은 왜 증자를 불효자라고 했을까?

② 증자가 효자가 되려면 이제 어떻게 해야 될까?

③ 그동안 네가 불효를 저지른 일에는 어떤 것이 있는지 생각해보자.

④ 네가 어떻게 하면 효자, 효녀가 될 수 있을지 다섯 가지 정도 생각해볼까?

엄마는 어떤 사람?

> 우리 엄마는 여우 같다. 언제나 그런 건 아니고 화장할 때 그렇다. 눈 화장할 때와 립스틱 바를 때 그렇다. 눈을 요리조리 굴리며 눈 화장을 하고 나면 다른 사람이 된다. 또 입을 벌리고 입술에 빨간 립스틱을 바르고 나서 두 입술을 서로 마주 붙였다 뗐다 할 때면 먹이를 잡아먹고 입맛을 다시는 여우 같다.
>
> _서울 ○○초등학교 2학년 어린이가 쓴 '우리 엄마' 중에서

엄마들은 궁금하다. 아이가 나를 어떻게 생각하고 있는지. 위의 어린이는 엄마를 여우로 표현했다. 궁금하지만 다짜고짜 아이에게 '너, 나를 어떻게 생각하니?'라고 물을 수는 없다. 이럴 때 다음과 같은 시를 들려주며 부드럽게 시작해보자.

엄마는 커다란 나무
나무 위에 있는 것을 말끔 준다.
아무리 자꾸만 졸라도
언제든지 하나는 꼭 주지.

열매만 아니고 꽃이랑 잎도
우리 때문에 벌거숭이 되어
나중엔 가지까지 떼어 주겠지
엄마는 커다란 나무

_프란치스코 파스통키 〈엄마는 어떤 사람〉

이제 엄마는 어떤 사람인지 질문놀이를 하며 동시를 쓰게 해보면 엄마에 대한 아이의 솔직한 의견이 나온다.

✚ 질문놀이

우리 엄마는 ______________________________

____

____

____

불효자는 안 뽑아요

베이징대를 사랑하고,

세상을 근심하며,

건전한 인격을 갖추고,

성적이 우수하되, 부모에게 효도하는 학생

중국의 베이징대학은 2009년 신입생부터 위와 같은 기준으로 학생을 뽑는다. 만약에 우리 아이가 대학교 총장이 된다면 어떤 기준으로 학생을 뽑을까? 아이가 새로운 기준을 만들어보는 일은 인재상에 대한 자기 생각을 갖게 해준다. 아이와 부모가 각각 나름대로 기준을 만들고 이야기를 나누면 효과는 두 배가 된다. 아이는 자신의 기준을 부모의 기준과 비교하면서 서로 다른 점을 발견함으로써 부모를 이해하고 생각의 거리를 좁힐 수 있다. 부모도 마찬가지로 아이의 생각을 더 이해하는 기회가 될 것이다.

✚ 질문놀이

우리 대학은 이런 학생만 뽑아요.

①

②

③

09

어린이날에 나를 생각하다

어린이날에

2017년 한국교육개발원 연구팀이 우리나라 초등학생 2,000명에게 '어린이날이란 어떤 날인가?'라고 물었다. 그러자 75퍼센트가 '선물받는 날'이라고 대답했다.

1923년 어린이날이 처음 생긴 이래 오늘날까지 부모들이 이 날을 아이들에게 선물 주는 날로 보냈기 때문이다. 그러나 선물로 어린이날을 기념하는 것이 최선의 방법일까? 여기 새로운 방법을 소개한다. 어린이들이 '나는 누구인가'를 생각해보는 날로 자리매김할 수 있는 질문들을 소개한다.

✚ 질문놀이

① 반 친구들은 너를 어떤 아이라고 생각할까? 아래 박스에는 사람의 성격과 됨됨이를 나타내는 낱말이 들어 있는데, 친구들이 너를 생각할 때 떠올릴 것 같은 낱말을 골라보자.

심술궂다. 솔직하다. 참을성 있다. 변덕스럽다. 사납다. 잘난 척한다. 온순하다. 명랑하다. 너그럽다. 뻔뻔스럽다. 엉뚱하다. 다정하다. 인정이 많다. 고집쟁이. 거짓말쟁이. 이기주의자. 공손하다. 버릇없다. 정직하다. 용감하다. 비겁하다. 친절하다.

② 아이 스스로 자신을 관찰하기

- 너를 기분 좋게 하는 말은?
- 네가 자주 쓰는 말버릇은?
- 하면 되는데 하지 않은 것은?
- 1년 전으로 돌아간다면 가장 하고 싶은 일은?

③ 아이 스스로 자신의 습관 알기

- 네가 가지고 있는 좋은 습관은 무엇일까? 언제부터 생겼지?
- 이 습관을 계속 가지고 있으면 나중에 어른이 되어 어떤 일이 일어날까?
- 네가 가지고 있는 나쁜 습관은 무엇일까? 언제, 왜 생겼지?

- 이 습관을 계속 가지고 있으면 너에게 어떤 영향을 끼칠까?

직업 이야기

세상에는 얼마나 많은 직업이 있을까? 우리가 모두 알 수는 없지만 2018년 세계 직업사전에는 2만 5,000여개의 직업이 등록되어 있다. 그런데 직업도 사람처럼 새로 태어나기도 하고 사라지기도 한다. 1930년대 무성영화 시절에는 화면에 나오는 배우의 말을 대신 해주던 변사라는 직업이 있었지만, 유성영화가 나오면서 사라졌다.

반면에 과거에는 없던 직업들이 지금은 많이 생겼다. 컴퓨터 프로그래머, 노인요양사, 보험설계사 같은 직업이 생겨났다. 이렇게 직업은 시대에 따라 생기기도 하고 사라지기도 한다.

✚ 질문놀이

① 왜 직업이 생겨나고 사라지는 것일까?

② 사라지는 직업에 종사하던 사람들은 어떻게 해야 할까?

③ 앞으로 20년 후에 어떤 직업이 생기게 될까?

④ 어떤 직업이 생기면 좋을까?

⑤ 많은 사람이 한 가지 직업에만 쏠린다면 어떤 현상이 일어날까?

⑥ 직업을 선택할 때 가장 중요한 것은 무엇일까?

30년 후의 나

사람은 누구나 태어나서 어린 시절을 거쳐 어른이 된다. 그리고 어른이 되면 결혼하고 가정을 꾸리게 된다. 아이에게 어떤 어른이 되고, 어떤 가정의 주인이 될 것인지 미리 생각해보게 하는 건 어떨까?

어린이날에는 미래의 나를 꿈꾸는 질문놀이를 해보자. 어떤 일을 하고, 어떤 배우자를 만나, 어떤 가정을 꾸리고, 어떤 부모가 될까? 오늘 적어둔 내용을 타임캡슐처럼 비밀서랍 속에 넣어두었다가 30년 후에 엄마와 함께 꺼내보자.

✚ 질문놀이

30년 후의 내 나이는 _____살

① 나의 직업은? ______________________________

② 나의 배우자는? ____________________________

③ 나의 집은? ________________________________

④ 나의 자녀는? ______________________________

⑤ 나의 취미는? ______________________________

⑥ 내가 즐겨 읽는 책의 종류는? ____________________

⑦ 내가 즐겨 먹는 음식은? _______________________

⑧ 내가 좋아하는 격언은? ________________________

____

____

____

10

우리 동네 좋은 동네

우리 동네 문제점

영주네 아파트 단지에는 요즘 엄마들이 시위를 벌이고 있다. 아파트 단지 옆에 장애인 학교를 짓는다는 소식을 들었기 때문이다. 신문사 기자들이 나와서 인터뷰도 하고 사진도 찍어 갔다. 신문에 나온 기사를 보니까 한 엄마가 이렇게 말했다.

"우리 아이들에게 아름다운 것만 보여줘야 하는데, 장애인들이 지나다니면 안 되잖아요? 다 우리 아이들을 위해서입니다."

이런 사건을 아이와 함께 생각해보는 것은 여러 가지 교육적 가치가 있다. 장애인에 대한 차별 금지, 인간평등 사상, 인권존중, 좋은 주거지역 만들기 등을 깨닫게 해주는 데 좋은 자료가 될 것이다.

✚ 질문놀이

① 만약에 엄마가 장애인 학교 설립을 반대한다면, 너는 무슨 말을 해주고 싶니? 엄마에게 보내는 편지를 써보자.

② 만약에 네가 장애인 부모라면, 장애인 학교를 반대하는 주민들에게 어떤 말로 호소할 수 있을지 생각해보자.

③ 만약에 네가 장애인 학교를 찬성하는 주민이라면, 반대하는 주민에게 어떤 말을 할 수 있을지 생각해보자.

경로석에 앉을 사람

'전철 경로석에 앉아서 가는 젊은이들을 망신 주겠다'라는 철도청의 방침이 발표된 후에 PC통신 토론방이 와글와글 야단이다.

댓글 1: 누구는 서서 가고 누구는 조금 더 살았다고 앉아서 가는 것은 공평치 않다. 선착순이 좋다.

댓글 2: '일하지 않는 자는 먹지도 말라'는 성경 말씀도 있다. 생산활동을 하는 젊은이가 앉아서 가는 것이 마땅하다.

댓글 3: 오늘날의 풍요는 노인들이 젊어서 일한 덕분이다. 이제 그분들은 앉아서 갈 권리가 있다.

댓글 4: 그럼, 열심히 일한 노인만 앉지, 왜 모든 노인이 앉아야 하는가?

✚ 질문놀이

① 토론실에 올라온 의견들 중 가장 네 마음에 들지 않는 의견은 어떤 것이니? 그 사람이 자신의 의견이 옳지 않다는 것을 깨달을 수 있도록 질문해보자.

OO에게 질문합니다.

질문: ____

____

톡톡 튀는 가게 이름

요즘 거리에 나가면 재미있는 간판들이 눈에 띈다. 간판만 보고도 뭐 하는 집인지 금방 알 수 있어 편리하기도 하다. 만약에 우리 집 이웃에 가게를 내려는 사람이 있다면 어떤 이름을 권하고 싶은가?

부모와 아이가 각각 상상력과 창의성을 발휘하여 톡톡 튀는 이름으로 지어보자.

✚ 질문놀이

① 동네책방을 열려고 해요. ________________________

② 양말가게를 내기로 했어요. ______________________

③ 분식집을 개업해요. ___________________________

④ 옷 수선가게를 열려고 해요. _____________________

⑤ 안경집을 개업할 거예요. ________________________

⑥ 미용실을 열려고 합니다. ________________________

⑦ 채소가게를 엽니다. ____________________________

⑧ 약국을 열어요. ________________________________

⑨ 떡집을 개업합니다. ____________________________

바보네 가게

> 우리 동네에서 제일 잘되는 가게는 '바보네 가게'이다. 다른 집은 다 파리 날리고 있을 때에도 그 가게에는 항상 손님들로 북적거린다.
>
> "이 집에는 바보가 없는데, 왜 이름을 그렇게 지었어요?"
>
> 누가 이렇게 물으면 주인아저씨와 아주머니는 그냥 싱긋 웃기만 한다.

박연구 작가의 수필 〈바보네 가게〉의 일부분이다. 부모와 아이가 각각 아래 질문에 답을 마련해보자. 서로의 답을 비교하면 타인을 이해하는 능력, 추리력이 높아질 것이다.

✚ 질문놀이

① 사람들은 왜 그 가게로 물건을 사러 갔을까? 손님들의 입장이 되어 바보네 가게로 가는 이유를 추측하여 적어보자.

② 주인은 왜 가게 이름을 '바보네 가게'라고 지었을까? 주인의 입장이 되어 가게 이름을 그렇게 짓게 된 사연을 추측하여 적어보자.

정직한 인천시민

최근《리더스다이제스트》라는 잡지에서 아시아 14개 도시를 대상으로 시민들의 정직성을 조사했다. 이 조사에 따르며 아시아에서 가장 정직한 시민은 싱가포르 시민이고, 두 번째는 한국의 인천시민이라고 한다.

이번 조사는 10~40달러가 든 지갑을 길에 떨어뜨려놓고 이것을 주운 사람들이 어떻게 하는지를 살펴보았다. 싱가포르에서는 10개의 지갑 중 9개가 돌아왔고, 인천에서는 8개, 서울은 6개, 도쿄는 7개, 태국의 방콕, 인도의 봄베이, 필리핀의 마닐라에서는 4개, 홍콩은 3개만 돌아왔다고 한다.

이런 신문기사는 아이들에게 정직성, 판단력, 추리적 사고를 길러주기에 딱 좋다. 부모가 기사를 읽어주고 다음과 같은 질문을 던지면서, 서로의 의견을 비교해보자.

✚ 질문놀이

① '정직은 재산이다'라는 속담이 있다. 정직이 재산이 되는 경우는 어떤 경우일까?

② 이 조사결과 때문에 한국인들은 국제적으로 어떤 이익을 보게 될까?

③ 정직에 대한 멋진 표어를 만들어보자.

11

학교에서 행복하기

왜 학교에 가야 하나요?

"왜 학교에 가야 하나요?"

독일의 텔리토라는 아이가 교육부장관인 삼촌에게 이렇게 물었다. 그래서 교육부장관 하르트무트 폰 헨티히는 조카와 같은 의문을 품고 있을 독일의 어린이들을 위해서 《왜 학교에 가야 하나요?》라는 책을 한 권 썼다. 그런데 책 속에는 '공부하러'라는 말은 한마디도 없었다. 친구를 사귀러, 남을 이해하는 힘을 기르러, 살아가는 방법을 배우기 위해서, 꿈을 꾸러…. 이런 이야기가 들어 있다.

부모와 아이가 하르트무트 교육부장관처럼 학교에 가야 하는 이유에 대해 각각 자신의 생각을 써보자. 부모는 과거의 경험에서 깨달은 점을 말하고, 아이는 현재의 불만이나 희망을 쓸 것이다. 두 사람이 서로의 생각을 비교하는 일은 세대간의 이해력을 높이고 세상을 아는 깊이를 더해준다.

✚ 질문놀이

① 학교는 왜 가야 할까?

부모 생각: ______________________________

아이 생각: ______________________________

② 부모는 아이에게, 아이는 부모에게 이유를 질문한다.

부모의 이유: ______________________________

아이의 이유: ______________________________

③ 두 사람의 차이를 종합하여 공동으로 '학교에 가야 하는 이유'를 정한다.

공자님의 선생님은 누구?

공자는 아버지가 일찍 돌아가셔서 서당에 다니거나 독선생을 모시고 공부할 수가 없었다. 어려서부터 가난한 어머니를 도와 여러 가지 일을 하며 살았다. 그러나 공자는 사물을 보면 깊이 생각하기를 좋아했는데, 15세가 되었을 때는 학문에 뜻을 두고 독학을 시작했다. 그리고 30세가 되었을 때는 상당한 경지에 이른 학자가 되었다. 그의 말과 학문에 감탄한 사람들이 각처에서 몰려들었다. 사람들이 공자에게 물었다.

"당신을 가르친 선생님은 누구입니까?"

공자가 대답했다.

"세 사람이 길을 가면 그 가운데 반드시 스승이 있습니다."

이 이야기를 함께 읽은 후, 부모가 다음과 같은 질문을 하며 아이의 대답을 이끌어보자. 선생님과 친구들이 자신을 성장시킨다는 것을 깨달을 수 있을 것이다.

✚ 질문놀이

① '세 사람이 길을 가면 그 가운데 반드시 스승이 있다'라는 말은 무슨 뜻일까?

② 주위에는 공자보다 지식이 짧거나 생각이 짧은 사람들도 있었을 텐데, 공자는 그들에게 무엇을 배웠을까?

③ 지금까지 너에게 깨달음을 준 사람들을 떠올려보고 이름을 쓰고 무엇을 깨닫게 해주었는지 적어보자.

새 학년이 시작되는 날이면 부모들은 궁금해하며 묻는다.

"담임선생님은 어떤 분이니?"

한국독서교육개발원KREDI에서 우리나라 10개 도시의 초등학생 1,000명에게 물어보았는데, 답변이 매우 다양했다. '예뻐, 멋쟁이야, 못생겼어'와 같이 외모로 평가하는 그룹이 있고, '순해 보여. 무뚝뚝해, 재미있어. 무서워 보여'와 같이 성격을 평가하는 그룹이 있고, '공정한 분 같아, 편애하는 분 같아, 실력 있어 보여, 음악 선생님이래, 국어박사래' 등과 같이 수업에 관해 말하는 그룹이 있다.

그러나 이런 평가는 인상평가에 불과하다. 정당한 평가를 하려면 1주일쯤 지난 다음에, 분석적인 질문을 해야 좀 더 정확한 판단을 할 수 있다. 부모가 추상적으로 질문하면 아이들도 추상적으로 대답한다. 부모가 분석적으로 질문해야 아이들도 분석적으로 대답할 수 있다.

✚ 질문놀이

① 선생님의 첫인사 내용은 무엇이었어?

② 선생님은 어떤 옷을 즐겨 입으시니?

③ 선생님이 자주 사용하는 어휘는 무엇일까?

④ 선생님은 어떤 때 학생들을 칭찬하시니?

⑤ 선생님은 어떤 때 학생들을 혼내시니?

⑥ 선생님이 기분 좋으실 때는 언제야?

⑦ 선생님이 기분 나쁘실 때는 언제야?

⑧ 그러니까 선생님은 어떤 분 같니?

학교 가기 싫어질 때

"엄마, 나 내일부터 학교 안 가면 안 될까요?"

어느 날 갑자기 아이가 이런 말을 해온다면 부모의 머릿속은 복잡해진다. '선생님한테 혼났나?', '일을 저질렀나?', '왕따를 당하는 건 아닐까?' 이런 걱정에 갑자기 머리가 띵해진다. 그러나 심각하게 걱정할 필요는 없다. 담담한 목소리로 아이에게 이렇게 말해보면 어떨까?

"그래? 왜 가기 싫은지 이유를 세 가지만 써 오렴. 엄마가 보고 정당하면 안 가도 돼."

'이유를 글로 쓰기'는 사고력을 높일 수 있는 방법이다. 스마트폰을 사달라고 할 때, 비싼 물건을 사달라고 할 때, 가족여행에 불참하겠다고 할 때에도 쓰면 좋다. 아이들은 신이 나서 이유를 찾지만, 정당한 이유를 찾지 못해서 제풀에 물러나고 만다.

뭉뚱그려진 것 같은 하나의 현상을 분석하다 보면 저절로 분석적 사고력이 향상된다.

✚ 질문놀이

학교 가기 싫은 이유 세 가지 쓰기

① ________________________________

② ________________________________

③ ________________________________

스마트폰을 사야 하는 이유

① ________________________________

② ________________________________

③ ________________________________

12

이런 친구를 갖고 싶어요

화가의 우정

〈이삭줍기〉, 〈만종〉이라는 그림으로 유명한 밀레에게도 무명화가 시절이 있었다. 전시회를 열어도 그림을 사는 사람이 없어 빵을 살 돈도, 그림물감을 살 돈도 없었다. 화랑 주인은 "그림을 더 이상 화랑에 걸어줄 수 없으니 모두 가져 가라"는 말까지 했다. 밀레는 이제 화가의 길을 포기할 수밖에 없었다.

그러던 어느 날 화랑에서 기쁜 소식이 들려왔다. 이름을 밝히지 않은 어떤 사람이 그의 그림을 아주 비싼 값에 사갔다는 소식이었다.

"그게 정말입니까?"

"정말입니다. 가장 최고가로 사갔습니다."

너무 감격한 그는 달려가 그 돈으로 먹을 것을 사고 그림물감을 샀다. 그리고 용기를 얻어 다시 그림을 그리기 시작했다. 그리고 얼마 후에 그는 유명 화가의 대열에 끼게 되었다.

유명해진 밀레가 어느 날 친구의 집을 우연히 방문하게 되었다. 그런데 그 집 거실에 처음 팔렸던 그 그림이 걸려 있는 것이 아닌가! 비싼 값에 팔려간 그 그림이.

"아니 저 그림은…."

밀레는 목이 메어 눈물을 글썽거렸다.

우리나라에 '부모 팔아 친구 산다'는 속담이 있다. 부모는 자기보다 일찍 돌아가시지만 친구는 오랫동안 인생길을 함께 갈 수 있기 때문일 것이다. 그러니 좋은 친구를 만나는 일은 좋은 인생을 만나는 것과 같다. 밀레의 친구 이야기를 아이에게 해주며, 우정의 아름다움과 좋은 친구 사귀는 방법을 배우게 할 수 있다.

✚ 질문놀이

① 친구는 왜 밀레에게 돈을 주지 않고 비싼 값에 그림을 사갔을까? 네가 친구 입장이 되어 세 가지 이유를 말해볼까?

② 네가 밀레의 친구였다면 어떤 방법으로 가난한 밀레를 도왔을까?

③ '좋은 친구는 좋은 인생을 만들고, 나쁜 친구는 나쁜 인생을 만든다'

는 격언이 있어. 지금 네 친구 중 누가 좋은 친구이고 누가 아닐지 생각해보자.

④ 너는 누구에게 좋은 친구가 되어본 적이 있니?

⑤ 의도치 않게 나쁜 친구가 된 적은 없었는지도 되돌아보자.

미운 친구 칭찬하기

싸운 친구가 있고, 미워하는 친구가 있는데, 그 친구와 화해하고 싶다면 어떻게 해야 할까? 좋은 방법이 있다. 바로 칭찬하기이다. 칭찬을 하면 부정적인 감정이 줄어들고 사랑스럽게 보인다. '칭찬은 고래도 춤추게 한다'는 말도 있지 않은가.

자, 그러면 지금 머리에 떠오르는 친구의 이름을 적어보자. 그리고 어떤 칭찬을 할지 적어보자. 내일은 그 친구를 찾아가 직접 칭찬해보면 기적이 일어날 것이다.

이 질문놀이는 아이 혼자 하는 게 더 효과적이다. 아이가 혼자 할 수 있도록 엄마는 다른 일을 한다.

✚ 질문놀이

① 싸운 친구 이름은? ____________________________

-칭찬할 거리 1 ____________________________

-칭찬할 거리 2 ______________________________

-칭찬할 거리 3 ______________________________

간신을 구별하는 방법

① 칭찬을 해본다. 그러면 우쭐한다.

② 화를 돋워본다. 그러면 이성을 잃고 날뛴다.

③ 겁을 줘본다. 그러면 쥐새끼처럼 납작 엎드린다.

④ 돈을 줘본다. 그러면 넙죽 받는다.

⑤ 하던 일이 실패했을 때는 남을 원망한다.

⑥ 직위가 올라갔을 때는 거만하게 행동한다.

임금님은 여러 신하들에 둘러싸여 정치를 한다. 그중에 충신도 있고 간신도 있다. 임금님도 충신만 곁에 두고 싶지만 때로는 간신을 충신으로 잘못 알고 곁에 두는 경우가 많았다. 그래서 임금님들은 간신을 구별할 때 쓰는 방법들을 적어두었다가 다음 임금이 될 후계자에게 전하곤 했다. 조선의 임금님들은 이 '변간법'을 보고 충신과 간신을 가려내며 정치를 했다고 한다.

간신 구별법을 알면 좋은 친구를 구별하는 일이 쉽다. 오늘은 부모와 아이가 머리를 맞대고 '변간법'을 연구해서 친구 사귀는 법을 알아보자.

좋은 친구도 얻을 수 있고, 판단력도 높아진다.

✚ 질문놀이

① 임금님은 칭찬을 하면 우쭐대는 신하를 왜 피했을까?

② 화를 돋우면 이성을 잃고 날뛰는 신하는 왜 충신이 될 수 없을까?

③ 겁을 주면 쥐새끼처럼 납작 엎드리는 신하는 왜 간신에 드는 걸까?

④ 돈을 주면 넙죽 받아먹는 신하는 왜 충신이 될 수 없을까?

⑤ 하던 일이 실패하면 남을 원망하는 신하는 왜 충신이 아닐까?

⑥ 직위가 올라갈수록 거만하게 구는 신하는 왜 충신이 될 수 없을까?

13

돈에 대한 깊은 생각

경제적 사고력을 높이는 속담

우리 조상들은 후손들에게 돈이나 재산에 대한 속담을 많이 남겼다. 살아가는 데 돈이 중요하기 때문에 자손들이 가난하게 살지 않도록 그런 속담을 만들어 전했을 것이다. 속담에 담긴 조상님들의 교훈에 대해 추리력을 동원하여 찾아보자. 경제적 사고력이 늘게 될 것이다.

✚ 질문놀이

① "굳은 땅에 물이 괸다."

- 무슨 뜻일까?

- 누구에게 쓰면 좋을까?

② "가난 구제는 나라도 못한다."

- 무슨 뜻일까?

- 어떤 사람들이 왜, 이런 속담을 만들었을까?

- 이 속담에 대한 네 의견은?

③ "개같이 벌어서 정승같이 써라."

- 무슨 뜻일까?

- 어떤 사람이 어떤 경우에 사용했을까?

- 이 속담에 대한 네 의견은?

지구의 절반이 굶주리고 있다

세계식량기구는 지구에서 생산되는 먹을거리는 76억 명의 인구가 먹기에 부족함이 없는 양이라고 한다. 그러나 세계 곳곳에서 약 15억 명의 사람들이 굶주리고 그중 8억 명은 어린이라고 한다.

반면에 세계 곳곳에서 먹고 남은 음식물 쓰레기로 지구가 병들어 가고 있으며, 과잉영양 상태로 비만이 된 아이들도 10억 명이 넘는다고 한다. 그러니까 다 같은 지구인으로 태어나서 누구는 굶주리고, 누구는 과잉영양으로 고생하고 있는 셈이다. 굶주리는 사람이 없는 세상을 꿈꾸며 다음과 같은 질문놀이를 해보자.

✚ 질문놀이

굶주리는 사람이 없는 세상은 어떻게 만들 수 있을까? 실현 가능한 아이디어를 생각해보자.

① ________________________________

② ________________________________

③ ________________________________

④ ________________________________

경주 최부잣집의 비밀

"부자가 3대를 못 간다"는 속담이 있다. 왜 그럴까? 부모는 열심히 일해서 부자가 되었지만, 고생을 모르고 자란 부잣집 자식들이 돈을 흥청망청 써서 도로 가난해지기 때문이다. 그런데 부자로 300년 이상을 이어간 집안이 있다. 바로 우리나라 '경주 최부잣집'이다. 최부잣집은 300년 동안 재산이 늘지도, 줄지도 않고 만석을 유지했다. 서양에서는 200년을 부자로 지낸 이탈리아의 메디치 가문이 최고의 가문으로 꼽힌다.

경주 최부잣집은 어떻게 300년 동안 재산이 늘지도 줄지도 않고 1만 석을 유지했을까? 최부잣집의 가훈을 보면 그 비밀을 알 수 있다.

가훈

첫째, 흉년에는 땅을 사지 마라. 또 파장에는 물건을 사지 마라.

둘째, 1만 석 이상의 재산은 소유하지 말고 어려운 이웃에 나누어주어라.

셋째, 주변 100리 안에 굶어 죽는 사람이 없게 하라. 손님을 후하게 대접하라.

✚ 질문놀이

① 최부자 할아버지는 왜 자손들에게 흉년에는 땅을 사지 말라고 했을까? 최부자 할아버지가 되어 대답해보자.

최부자: 으응, 그건 ___________________________

② 최부자 할아버지는 자손들이 만석 이상의 재산을 갖는 것을 왜 금했을까? 최부자 할아버지가 되어 설명해보자.

최부자: 으응 그건 ___________________________

③ '100리 안에 굶어죽는 사람이 없게 하라'고 당부한 최부자 할아

버지는 어떤 분일까? 상상하여 판단해보자.

그분은 ______________________________

④ 미래에 부자가 되었을 때 나는 자손들에게 어떤 가훈을 가르칠 것인가? 미리 만들어보자.

나의 가훈: ______________________________

____

____

부익부 빈익빈 해결하기

'부익부 빈익빈', 신문에 자주 나오는 말이다. 이 말처럼 '부자는 점점 부자가 되고, 가난한 사람은 점점 가난해지는 세상'은 좋은 세상이 아니다. 그런데, 요즘 각종 통계를 보면 우리 사회가 '부익부 빈익빈' 사회로 가고 있다고 한다. 예를 들어, 집값이 자꾸 오르면 집 있는 사람들은 가만히 있어도 부자가 되지만, 집 없는 사람들은 열심히 일해도 집을 살 수가 없기 때문에 가난해질 수밖에 없다.

+ 질문놀이

오늘은 우리나라가 '부익부 빈익빈' 사회가 되지 않기 위해서 어떻게 하면 좋을지 창의적인 아이디어를 내보자. 생각창고를 활짝 열고 아이디어를 내어 대통령에게 보내자.

①

②

③

④

⑤

14

온 가족이 함께하는 말놀이게임

새로운 어휘력이 풍성

토요일이나 일요일에 아침식사 후에 온 가족이 모이게 되었을 때, 무엇을 하면 좋을까? 아빠는 신문 보고, 엄마는 드라마 보고, 아이들은 게임이나 한다면? 삭막한 풍경이다. 이런 날 모범적인 가정 분위기를 만들어보고 싶다면 말놀이게임을 권하고 싶다. 말놀이게임에는 끝말잇기, 첫말잇기, 같은 글자로 끝나는 말 대기, 말놀이 퍼즐하기 등이 있다.

그러나 이런 단순한 놀이보다 좀 더 두뇌를 움직이고 공부도 되는 말놀이게임이 있다. 예를 들어 옛 이야기에 "늑대는 양치기의 눈을 속이고 양 한 마리를 슬쩍 물었다"라는 문장이 나온다고 해보자. 여기서 '눈을 속이고'는 말놀이게임의 좋은 자료가 된다.

이런 말놀이게임도 게임이어서 지면 속상하다. 아이들은 지지 않기 위해 노력하는데, 그 방법으로 새로운 어휘에 호기심을 보이거나, 새로운 어휘를 많이 알고 싶어 책을 읽는다. 그러면서 자연스럽게 어휘력이 풍성해진다.

✚ 질문놀이

① '눈 밖에 나다'로 문장을 만들어보자.

② '눈에 거슬리다'로 문장을 만들어보자.

③ '눈에 밟히다'로 문장을 만들어보자.

④ '눈에 선하다'로 문장을 만들어보자.

⑤ '눈에 설다'로 문장을 만들어보자.

⑥ '눈에 차다'로 문장을 만들어보자.

⑦ '눈을 붙이다'로 문장을 만들어보자.

⑧ '눈이 높다'로 문장을 만들어보자.

⑨ '눈이 뒤집히다'로 문장을 만들어보자.

⑩ '눈이 삐다'로 문장을 만들어보자.

⑪ '눈에 불을 켜다'로 문장을 만들어보자.

⑫ '눈감아주다'로 문장을 만들어보자.

독자의 행복

요즘 나를 행복하게 하는 것 중에 세계명작 읽기가 있다. 지금부터 100년 전, 500년 전에 살던, 얼굴도 본 적이 없는 위대한 작가가 힘들여서 쓴 작품을 따듯한 방안에 앉아서 이렇게 편하게 볼 수 있다니! 그들은 이 작품을 쓰기 위해 얼마나 많은 시간과 땀을 바쳤을까? 그런 작품을 독자라는 권리로 이렇게 편안히 볼 수 있다니. 독자란 얼마나 행복한 사람들인가?

_남미영 에세이《독자의 행복》에서

가족에게 행복을 주는 책이나 영화를 알아보자. 아빠와 엄마가 좋아하는 책이나 영화를 아이에게 알려주는 일은 부모와 자녀 사이의 거리를 좁힌다.

✚ 질문놀이

① 요즘 나를 즐겁게 해준 책은?

② 요즘 엄마를 행복하게 해준 책이나 영화는?

③ 요즘 아빠를 행복하게 해준 책이나 영화는?

무인도에 갈 때 가져가고 싶은 책

> "당신이 무인도에 혼자 유배되어 가게 되었다. 가져갈 수 있는 것은 오직 책 열 권뿐이라면, 당신은 어떤 책을 선택하겠는가?"

회사 입사시험에 잘 나오는 질문이다. 회사는 시험지 몇 장으로, 혹은 짧은 시간의 면접으로 회사에 필요한 사람을 뽑아야 한다. 그래서 이런 문제를 내어 사람의 됨됨이를 판단한다. 그 사람이 몇 번이고 다시 읽고 싶은 책이 무엇인가를 알아낼 수 있다면, 그 사람의 내면세계의 절반은 알아낸 것과 다름없다. 좋아하는 책은 그 사람의 흥미 영역을 알 수 있고, 내용의 질적수준을 보면 그의 정신적 품격을 알게 된다. 즐겨 읽는 책은 바로 그 사람 자체이기 때문이다.

부모들은 자녀의 됨됨이를 정확히 알고 있는가? 사실은 가장 모르는 게 자기 자식이라고 한다. 문제아를 둔 학부모들이 학교에 와서 한결같이 하는 말이 있다. "우리 아이는 착한 아이인데 친구를 잘못 사귀어 그렇게 된 거예요."

오늘은 '무인도에 가져 갈 책 열 권'에 대해 대화하며 아이의 내면세계를 알아보자.

✚ 질문놀이

만약에 네가 무인도에 간다면 어떤 책을 가지고 가고 싶니?

나는 --

비오는 날의 말놀이

> 먼지잼, 마른비, 는개비, 안개비, 이슬비, 보슬비, 부슬비, 가루비, 실비, 가랑비, 싸락비, 달구비, 작달비, 장대비, 주룩비, 채찍비, 여우비, 지나가는비, 소나기, 바람비, 도둑비, 궂은비, 찬비, 밤비, 억수, 해비, 꿀비, 단비, 약비, 이른비, 일비, 잠비

위에 나열한 단어는 우리나라 사람들이 대화에 사용하는 비의 종류이다. 비 오는 날은 비의 이름으로 말놀이게임을 할 수 있다. 먼저 가족 중 한 사람이 문제를 내고, 아는 사람이 먼저 이름을 말하면 점수를 따는 게임이다. 게임의 종류는 비의 굵기 비교하기 게임이 있고, 비의 이름과 뜻 알아맞히기 게임이 있다.

✚ 질문놀이

① 비의 이름 알아맞히기 게임

- 갑자기 세차게 내리다가 곧 그치는 비는? (답: 소나기)
- 안개처럼 눈에 보이지 않게 내리는 비는? (답: 안개비)
- 먼지나 잠재울 정도로 겨우 내리는 비는? (답: 먼지잼)
- 주룩주룩 소리 내며 내리는 비는? (답: 작달비)
- 맑은 날에 잠깐 뿌리는 비는? (답: 여우비)
- 농사짓기에 적합하게 내리는 비는? (답: 못비)
- 꼭 필요할 때에 알맞게 내리는 비는? (답: 단비)
- 비가 와도 일할 수 있을 정도로 내리는 비는? (답: 일비)
- 여름에 낮잠 자기 좋게 조용히 내리는 비는? (답: 잠비)
- 물을 퍼붓듯이 세차게 내리는 비는? (답: 억수)
- 바람이 불면서 내리는 비는? (답: 바람비)
- 땅에 닿기도 전에 증발되는 비는? (답: 마른비)
- 아무도 모르게 내린 비는? (답: 도둑비)

② 비의 굵기로 하는 말놀이

- 는개비와 안개비 중 더 굵은 비는? (답: 안개비)
- 먼지잼과 는개비 중 더 굵은 비는? (답: 는개비)

- 보슬비와 부슬비 중 더 굵은 비는? (답: 부슬비)
- 이슬비와 보슬비 중 더 굵은 비는? (답: 보슬비)
- 가루비와 가랑비 중 더 굵은 비는? (답: 가랑비)
- 가랑비와 장대비 중 더 굵은 비는? (답: 장대비)

15

질문 저축통장 만들기

가치관을 튼튼하게 하는 질문

① 단체를 위해서 부도덕을 저지르는 것은 옳은 일인가, 그른 일인가?

② 홍길동, 임꺽정처럼 남의 것을 훔쳐서 가난한 사람을 도와주면 착한 사람인가?

③ 자기 나라를 위해 남의 나라에 피해를 주는 것은 옳은 일인가?

④ 불법으로 번 돈으로 자선사업을 하면 죄는 없어지는 것일까?

⑤ 건강한 사람과 병든 사람이 똑같은 위험에 처했을 때 누구를

먼저 구해야 할까?

문제해결력을 길러주는 질문

① 아버지가 실직하신다면 우리 가족은 각각 어떻게 하는 것이 좋을까?

② 우리 교실 온도를 1도 낮출 수 있는 방법에는 어떤 것이 있을까?

③ 친한 친구가 거짓말하는 습관이 있다면, 어떻게 고칠 수 있을까?

④ 층간 소음 때문에 일어나는 싸움은 어떻게 하면 막을 수 있을까?

⑤ 남한도 좋고 북한도 좋은 통일 방법은 무엇일까?

생각의 불꽃을 타오르게 하는 질문

① 알은 왜 둥글게 생겼을까?

② 씨앗은 왜 딱딱할까?

③ 네모 방은 왜 세모 방보다 편안하게 느껴질까?

④ 맨홀 뚜껑은 왜 사각형이 아니고 원형일까?

⑤ 연필이나 볼펜은 왜 육각형일까?

철학적인 사고력을 길러주는 질문

① 동화책에는 왜 삼형제 이야기가 자주 나오는 것일까?
② 막내동생이 형들보다 착하거나 똑똑한 사람으로 그려지는 이유는 무엇일까?
③ 백제 무왕은 똑똑했다는데, 왜 그의 아들 의자왕은 나라를 빼앗기는 왕이 되었을까?
④ 한국 어머니들의 강한 모성애는 세계적으로 유명하다. 왜 그럴까?
⑤ "가난 구제는 나랏님도 못한다"는 속담은 정의로울까?

성공을 부르는 질문

① 너는 무엇을 하고 싶니? 무엇을 할 때 행복하니?
② 너의 강점은? 성과나 성취를 냈던 구체적인 사건은?
③ 너의 약점은? 최근 6개월 동안 실수한 것은?
④ 네가 성공하고 싶다면 뭘 먼저 포기할까?
⑤ 네가 실패로부터 배운 것은 무엇이니?

사람을 성장시켜주는 질문

① 너는 무엇에 열정을 느끼니?

② 너는 어떤 사람에게 끌리니?

③ 네가 가장 즐겨보는 웹사이트는?

④ 너에게 가장 소중한 세 사람은?

⑤ 버려야 할 습관과 지속되어야 할 습관은?

⑥ 네 습관 중 너를 표현할 수 있는 키워드 5가지를 뽑는다면?

⑦ 너를 더 좋은 사람으로 만드는 사람은 누구니?

⑧ 제일 닮고 싶은 사람은? 이유는?

⑨ 너를 색깔로 표현한다면?

⑩ 지금까지 살면서 잊고 싶었던 기억은?

⑪ 투명 망토가 있다면 어디에 가고 싶니?

⑫ 타임머신을 탄다면 언제로 어디로 돌아가고 싶니?

부록

질문놀이 하기 좋은 연령별 도서

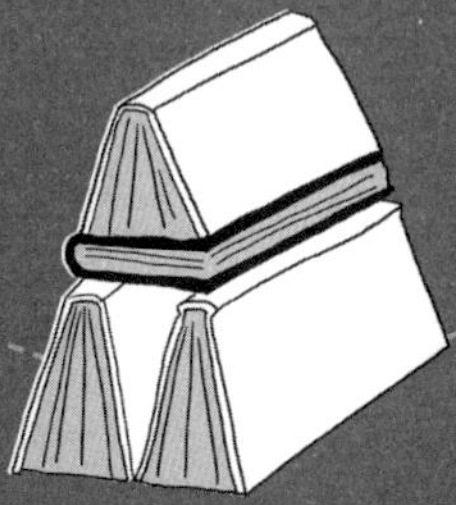

유아

《아기 오리들한테 길을 비켜 주세요》
로버트 맥클로스키 | 시공주니어

《찔레꽃 울타리(봄, 여름, 가을, 겨울 이야기)》
질 바클렘 | 마루벌

《달님 안녕》
히야시 아키코 | 한림출판사

《오른발 왼발》
토미 드 파올라 | 비룡소

《아멜리아 할머니의 정원》
릴리아니 스태포드 | 국민서관

《크릭터》
토미 웅게러 | 시공주니어

《나도 아프고 싶어》
알리키 브란덴베르크, 프란츠 브란덴베르크 공저 | 시공주니어

《비오는 날》
유리 슐래비츠 | 시공주니어

《누구 자전거일까?》
다카바타케 준 | 크레용하우스

《무슨 줄일까?》
오무라 토모코 | 계림북스

《숟가락》
에이미 크루즈 로젠탈 | 지경사

《사계절》
존 버닝햄 | 시공주니어

《어느 다리가 먼저게?》
호소노 아야꼬 | 풀빛

《노란 풍선의 세계 여행》
샤를로테 데마톤스 | 마루벌

《옛날에 생쥐 한 마리가 있었는데…》
마샤 브라운 | 열린어린이

《11마리 고양이》
바바 노보루 | 꿈소담이

《시장에 간 암소》
요하네스 옌센 | 이상의날개

《도토리 마을의 모자 가게》
나카야 미와 | 웅진주니어

《누구 때문일까?》
파멜라 엘렌 | 풀빛

《할머니의 조각보》
패트리샤 풀라코 | 미래아이

《네가 만약……》
존 버닝햄 | 비룡소

《왜요?》
린제이 캠프 | 한국프리벨

《달님을 빨아 버린 우리 엄마》
사토 와키코 | 한림출판사

《우당탕탕, 할머니 귀가 커졌어요》
엘리자베드 슈티메르트 | 비룡소

《도서관》
데이비드 스몰, 사라 스튜어트 | 시공주니어

《장갑》
V. 투르코바 편저 | 한림출판사

《이 고쳐 선생과 이빨투성이 괴물》
롭 루이스 | 시공주니어

《엄마, 누가 난지 알 수 있어요?》
칼라 쿠스킨 | 북뱅크

《아기 돼지 삼형제》
폴 갈돈 | 시공주니어

《물어보길 참 잘했다!》
이찬규 | 애플비

《솔이의 추석 이야기》
이억배 | 길벗어린이

《장화가 줄었어요》
차정인 | 웅진주니어

《꾸러기 곰돌이》
남미영 | 예림당

《도대체 그 동안 무슨 일이 일어났을까?》
이호백 | 재미마주

《울지 말고 말하렴》
인찬규 | 애플비

《은혜 갚은 까치》
김남일 | 국민서관

저학년

《언제까지나 너를 사랑해》
로버트 먼치 | 북뱅크

《여우의 전화박스》
도다 가즈요 | 크레용하우스

《아모스와 보리스》
윌리엄 스타이그 | 비룡소

《우리 선생님 폐하》
수지 모건스턴 | 비룡소

《마법의 분필》
주느비에브 브리삭 | 문원

《빨간 버스》
제인 고드윈 | 파랑새어린이

《엉뚱이 소피의 못 말리는 패션》
수지 모건스턴 | 비룡소

《납작이가 된 스탠리》
제프 브라운 | 시공주니어

《탁탁 톡톡 음매 젖소가 편지를 쓴대요》
도린 크로닌 | 주니어RHK

《바람이 멈출 때》
샬로트 졸로토 | 풀빛

《세상에서 가장 유명한 미술관》
메리디스 후퍼 | 국민서관

《공주도 학교에 가야 한다》
수지 모건스턴 | 비룡소

《내 옷이 제일 좋아》
실비아 플라스 | 다섯수레

《놀기 과외》
로리 뮈라이유 | 비룡소

《용감한 꼬마 해적》
마리오드 뮈라유 | 비룡소

《책 읽기를 좋아하는 할머니》
존 윈치 | 물구나무

《발레리나 벨린다》
에이미 영 | 느림보

《작은 집 이야기》
버지니아 리 버튼 | 시공주니어

《100층짜리 집》
이와이 도시오 | 북뱅크

《비바람 치는 날》
바바라 리만 | 마루벌

《엄마의 의자》
베라 B. 윌리엄스 | 시공주니어

《샌지와 빵집주인》
로빈 자네스 | 비룡소

《책 먹는 여우와 이야기 도둑》
프란치스카 비어만 | 주니어김영사

《집으로 가는 길》
하이로 부이트라고 | 노란상상

《신기한 요술 씨앗》
요나 테페르 | 랜덤하우스코리아

《이름 짓기 좋아하는 할머니》
신시아 라일런트 | 보물창고

《개구리와 두꺼비의 하루하루》
아놀드 로벨 | 비룡소

《친구가 올까?》
우치다 린타로 | 주니어RHK

《사랑의 학교》
데 아미치스 | 창비

《미녀와 야수》
맥스 아일렌버그, 안젤라 배럿 공저 | 비룡소

《심청전》
김선희 | 웅진주니어

《흥부전》
김해등 | 웅진주니어

《좁쌀 한 톨로 장가가기》
김미혜 | 국민서관

《옛이야기 보따리》
서정오 | 보리

《강아지 똥》
권정생 | 길벗어린이

《내 짝꿍 최영대》
채인선 | 재미마주

《나쁜 어린이표》
황선미 | 웅진주니어

《짝꿍 바꿔 주세요!》
노경실 | 씨즐북스

《선생님, 질문 있어요!》
김영환 | 다섯수레

고학년

《아낌없이 주는 나무》
셸 실버스타인 | 시공주니어

《어린왕자》
쌩 텍쥐페리 | 비룡소

《사랑받는 날에는 진짜가 되는 거야》
마저리 윌리엄스 | 보물창고

《까마귀 소년》
야시마 타로 | 비룡소

《할아버지의 하모니카》
헬렌 그리피스 | 새터

《따로 따로 행복하게》
베빗 콜 | 보림

《미쓰 럼피우스》
바버러 쿠니 | 시공사

《샬롯의 거미줄》
엘윈 브룩스 화이트 | 시공주니어

《마지막 수업》
알퐁스 도데 | 지경사 외

《빨강 머리 앤》
루시모드 몽고메리 | 시공주니어 외

《80일간의 세계일주》
쥘 베른 | 지경사 외

《제닝스는 꼴찌가 아니야》
안토니 부커리지 | 사계절

《키다리 아저씨》
진 웹스터 | 은하수

《꼬마 백만장자 팀 탈러》
제임스 크뤼스 | 논장

《전쟁은 왜 일어날까?》
질 페로 | 다섯수레

《식물에겐 비밀이 있어요》
장 마리 펠트 | 다섯수레

《찰리와 초콜릿 공장》
로알드 달 | 시공주니어

《톰 소여의 모험》
마크 트웨인 | 지경사 외

《장발장》
빅토르 위고 | 삼성출판사

《톰 아저씨의 오두막집》
해리엇 비처 스토 | 지경사

《에밀과 탐정들》
에리히 캐스트너 | 시공주니어

《그 아이는 히르벨이었다》
페터 헤르틀링 | 비룡소

《소년탐정 칼레》
아스트리드 린드그렌 | 논장

《크리스마스 선물》
오헨리 | 시공주니어 외

《나비》
헤르만 헤세 | 범우사

《고향》
루쉰 | 정산미디어

《토끼전》
장주식 | 한겨레아이들

《아기장수 우뚜리》
송언 | 한겨레아이들

《오세암》
정채봉 | 창비

《소년병과 들국화》
남미영 | 세상모든책

《아기참새 찌꾸》
곽재구 | 국민서관

《떡갈나무 목욕탕》
선안나 | 파랑새어린이

《몽실 언니》
권정생 | 창비

《소나기》
황순원 | 다림

《우리들의 일그러진 영웅》
이문열 | 다림

《마당을 나온 암탉》
황선미 | 사계절

《자전거 도둑》
박완서 | 다림

질문하는 아이로 키우는

엄마표 독서수업